濃い味、うす味、街のあじ。

江弘毅
奈路道程・画

はじめに

うまいものを求めてあっちこっちと食べ歩くことは楽しいが、グルメ情報ばかり追い求めていると、「店に行く」という楽しみのストライクゾーンが狭くなってしまう。

街に出て店で食べたり飲んだりすることは、映画やコンサートに行くことと同様に独特の特別感がある。だから繁華街で遊ぶにしても、チェーン店系のカフェやファストフードに行くよりは、その街ならでは喫茶店やうどん屋に行く方が楽しい。

その際に味わえるのが「街のあじ」であり、それは店と街の相互嵌入、あるいは店が街と溶けあって渾然一体となっている「もの」や「こと」かなあと思っている。それらは建築やデザイン、流れる音楽や客のファッションまで、表現の変数群がぐちゃぐちゃに入り乱れているから、単純にx軸y軸で数値化したり情報化したりしにくい。したがって情報誌やガイドブックに載ったり、グルメサイトに書き込みされることが少ない。

だからこそ書き手としては、単に店データ紹介記事やインプレッションを書くのではなく、書くための筋肉の使い方のようなものがその都度違ってくるから、やっていておもしろいしエキサイティングだ。

お店のご主人や料理人やバーテンダー、あるいはお客から話を聞いたり、その街のことを地元の詳しい人からうかがったり、それが元で本を読んだり歴史を調べたりすることは、多分その店や街について書くということをなしにしても、その街や店に集う人が、それぞれの街や店で日常的にやっている。どこの街場にもそれぞれの街場の物語があって、その土地柄と物差しが違うからこそいきいきしている。

もちろんその店のうまいものや良い酒もその中に織り込み済みであるわけだが、いつのまにか食べたり飲んだりのお店が一元的に「評価」されるようになってきた。書籍やグルメ雑誌のみならず、インターネットをのぞいてみても食べログなどに点数が表記されていて、客側はいちいち星の数や数字を気にするようになった。

そうなると街と店がどんどん切り離されてくる。店と料理もそうだ。うまいものを食べに行くためだけに店があるのではないし、店がある通りや街、つまり店の地域性を切り離してしまうと「皿の上の料理」や「グラスの中のワイン」だけを照準してしまうことになる。

店に行って何かを食べる時に、星の数や点数があらかじめ頭の中にインプットされている状態はちょっと厄介だ。ここは1つ星だとか評価が3・5だとかは、知らない街で店を探すときには少しは役に立つかも知れないが、ある街に出て店に入って食べたり飲んだりすることは、デジカメを買うのに価格.comを調べて最安値をクリックしてネット通販で買うのとは違う。

自分のお気に入りや馴染みの店があって、その店が誰かによって点数で評価されているのを見ると、自分の母親がつくる慣れ親しんだケチャップのスパゲティをけなされているようで気分が悪くなる。彼女はずば抜けて料理が上手いというわけではないけれど、いつもみんなでわいわいと家族でおいしく食べている。それは決してよく言われるところの「おふくろの味」というわけでもないが、そういうものは点数をつけたりするものではない。なぜならその途端にメシがまずくなってしまうから。

通りや街は店の集積だとすると、店は街を微分あるいは凝縮したもので、それを消費者の一人として具体的な料理や具体的に受けるサービスでのっぺり一方向でとらえるよりも、同じ飲み食いでまるごとその背後にある店のなりたちや街の地方性までを感じるほうが、断然世界が広く奥行きがあるので味わいが深い。

その街のその店で毎日実際に食材を仕入れに行き、魚を捌き野菜を切り、煮たり焼いたりして料理をつくって客に出す。そのようにまっとうに街で働く人がいて、それがその街の人のほかの誰にも替えがたい生活であり実人生だとしたら、その「かけがえのなさ」をグルメ的に「評価」するというのは街的な立ち位置ではない。客も一般消費者ではなくその街の成員の一人として、店や街を守っていく方向性の方がやっていて楽しい。

店が街の人に守られているゆえに、店が人を守る。

そういうまいものは、その街そのものの味がする。

目次

1 はじめに

ここにしかない、街の味

7 いこい（大阪・中津／居酒屋）
11 バー・ウイスキー（大阪・道頓堀／バー）
15 有次（京都・錦市場／包丁）
19 丸萬（神戸・新開地／居酒屋）
23 伊吹珈琲店（大阪・黒門市場／喫茶）
27 new KOBE堂島店（大阪・堂島地下街／しゃぶしゃぶ）
31 大阪一とり平本店（大阪・新梅田食道街／焼鳥）
35 はり重カレーショップ（大阪・道頓堀／洋食）
39 ヘミングウェイ（大阪・東心斎橋／スペインバル）
43 難波屋（大阪・萩之茶屋／ライブハウス）
47 ル・パッサージュ（神戸・北野／フランス料理）
51 岡室酒店直売所（大阪・京橋／立ち呑み）
55 ルルド（大阪・北新地／ラウンジ）
59 先斗町 百練（京都・先斗町／床）

「おいしい口」にさせる街と店

63 まつりや（大阪・心斎橋／ちりとり鍋）
67 七福神（大阪・ぶらり横丁／串カツ）
71 空 鶴橋本店（大阪・鶴橋／焼肉）
75 堂島サンボア洋酒店（大阪・北新地／バー）
79 てらまえ（東大阪・近大前／お好み焼き）
83 西光園本店（大阪・桃谷／焼肉）
87 文の里松寿し（大阪・文の里／箱寿司）
91 やすもり尼崎本店（尼崎・阪神尼崎／てっちゃん鍋）
95 甚六（大阪・天神橋／お好み焼き）

「時間」が凝縮された街の味

99 マヅラ（大阪・駅前第1ビル／バー）
103 篠田屋（京都・三条京阪／うどん・そば・丼）
107 アリアンスグラフィック（神戸・海岸通／カフェレストラン）
111 一芳亭（大阪・難波／しゅうまい）
115 甚五郎（大阪・北新地／寿司）
119 リーチバー（大阪・中之島／バー）
123 ザ・メロディ（大阪・東心斎橋／音楽バー）
127 グリルミヤコ（神戸・元町／洋食）
131 アモーレ・アベーラ（宝塚・南口／イタリア料理）
135 バー・ローハイド（神戸・三宮／バー）

あたらしい顔がつくる街の味

139 KIM／ゴスペル（神戸・トア山手／韓国料理・バー）
143 旧ヤム邸中之島洋館（大阪・中之島／カレー）
147 トクサン（神戸・栄町／おでん）
151 sush・iとちょいかっぽう藤家（大阪・福島／鮨）

155 あとがき

156 濃い味、うす味、街のあじ。MAP

装丁・デザイン　田中直美
地図　マップデザイン研究室

初出／毎日新聞大阪本社版夕刊の連載「濃い味、うすい味、街のあじ。」
（２０１３年４月～２０１６年６月）より収録。

メニューや価格などのデータは、基本的に初出の情報で掲載しています。

◎ここにしかない、街の味

酒場か食堂か、そんなことより「寄りたいかどうか」がすべて。

【いこい】大阪・中津

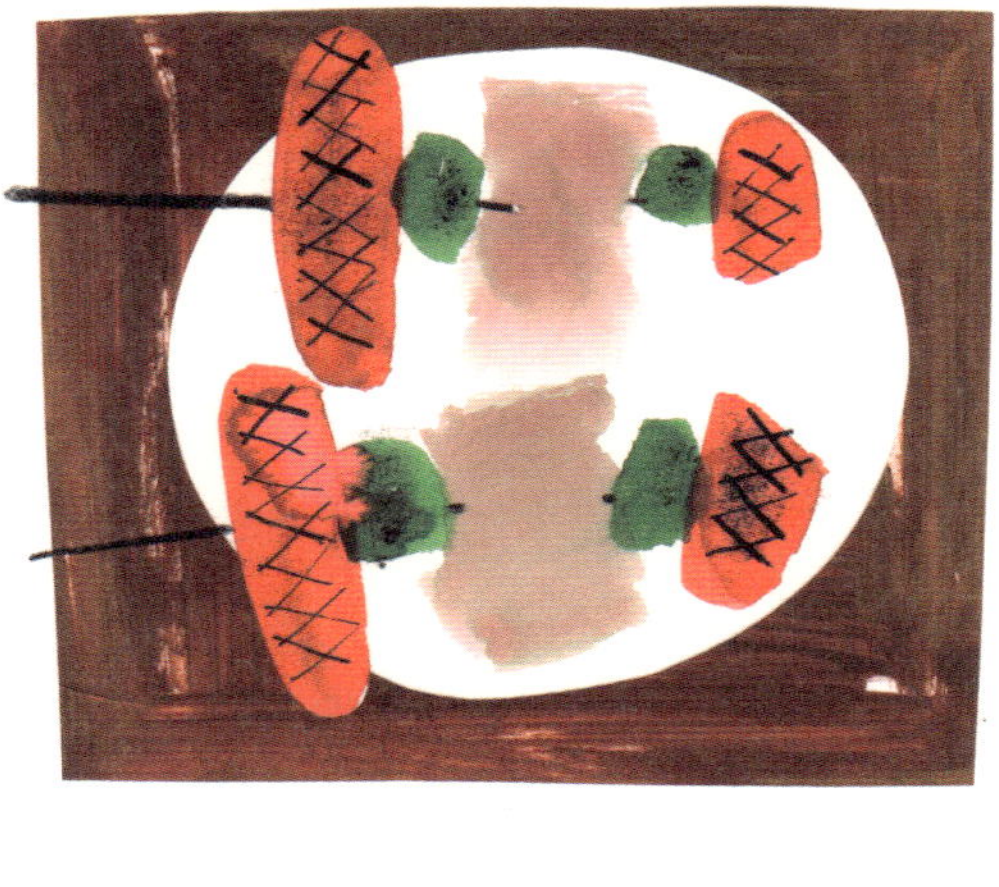

思わずほほえんでしまう「バーベQ」(3本350円)。「スケッチする前に1本食べてしまった」(奈路さん)

フランス料理店とか鮨屋だとか、飲食店は「何屋さん」ということで分けられている。NTTのタウンページ大阪市北部版を見ても、「グルメ（飲食関連）」というインデックスに、「イタリア料理店」「うどん・そば店」「お好み焼き店」などと五十音順で「職業名・サービス名」が並んでいる。

そういえば以前、北新地のラウンジのママさんに、自分の店がタウンページでは「スナック」なのか「バー・クラブ」に入っているのか全く恣意的で、ちょっと困ってるんです、という話を聞いたことがある。

阪急中津駅を下りてすぐのガード下にある［いこい］は、店名に「大衆酒場／食堂」と冠されてはいる。電話帳の分類はともかく、実際には「居酒屋」なのかうどんも出す「ごはん屋さん」なのか、それはこの店との接し方、使い方によって変わってくる。

この連載を始めるにあたって、イラストを担当する奈路道程さんと、「街と店」をもう一度考えようと、打ち合わせがてら「飲みに行った」店がこの店である。奈路さんとは、雑誌やほかの紙媒体で、かれこれ20年ぐらいは一緒にやっている。この店によく行く奈路さんは、ドラえもんやアンパンマン、角ハイボールのポスター、阪神タイガースのカレンダーなどなどが店内に張られているのを、「混沌としているけど、何のこだわりもないところがいい」とわたしに言った。うまい言い方だと思う。

それは仕事帰りのサラリーマンの一行が冷や奴やどて焼きで一杯やっている横で、ご近所と思しき子ども連れ夫婦客がいて焼きそばや丼を食べていたりすることとも合わせて、この店のことを評した表現だ。

一方わたしはこの店について人に説明するときは、鯨ステーキ（600円、おそらくこれがツマミのメニュー中で一番高い）とか鯨ベーコン（450円）とかさらし鯨（250円）があって、おまけに酒は白雪（300円）、剣菱（400円）、呉春（450円）の3種で、伊丹、御影、池田とさすが阪急沿線の酒を集めている「カウンターありの大バコ居酒屋」

だという言い方で説明している。おでんやうどんに丼を含めると、100種はあろうかというメニューの中、妙に鯨と日本酒のそれにひっかかり、そこがシブいなあと思っているのだ。

阪急中津駅前で熱を放つ「店ぢから」。

ともあれ人によってその店が「食堂」なのか「居酒屋」なのか、おそらくそういうカテゴリーがそれぞれにあてはまり、さらにこの店によく行く奈路さんやわたしの実感があったりするのだが、それ以上に「高架下の店」というロケーションにあって、類を見ない大きなキャパシティが、この店の大衆的な手触りや性格を決定づけているのだと思う。

それぞれの街にとって店、とりわけ飲食店は、カテゴリーといった一元的なものさしを超えるところでの存在感がある。というよりも、この中津では阪急の駅を下りていきなりこの店があるから、何ものでもない中津なのだ、などと思ったりする。

駅ナカや駅前にはお決まりのマクドナルドや松屋、ドトールコーヒー、コンビニ……といった画一的な便利さ、安さが前景化していて、それは確かに額面通りであるが、ときどき中津駅から阪急電車に乗る際に、夕方以降なら絶対入ってしまうこの店の引力のようなものは見あたらない。チェーン店系のそれらとはまったく違った類の「店ぢから」は、「街ぢから」でもある。

「大衆性」というのは、その店が何を出す店であり、コーヒーが1杯200円だとかの情報や、コストパフォーマンスが高いなどといった、消費文化軸の頭上をはるかに超える、その店が醸す土地柄みたいなものじゃないだろうかと思っている。そういう「街のあじ」を感じる連載にしたいものだ。

いこい

1人2000円あればかなり飲んで食べられる安さに加え、5～6人でも入れるキャパシティが便利。女子用トイレはない（駅のトイレを借りる）のがご愛嬌。

●大阪市北区中津3の1の30
☎06-6371-7820
12時～13時、17時～24時
日・祝休
※2013年4月掲載時

◎ここにしかない、街の味

ミナミの「奥行き」を思い知る圧倒的存在感の空間とバーテンダー。

【バー・ウイスキー】

大阪・道頓堀

強いカクテルであるマティーニをオン・ザ・ロックで飲む常連客が多い。なるほどさもありなん

大阪ミナミの旧くて正統的なスタッグ・バー（ホステスさんなど女性店員がいないバー）は、なぜか銀座や北新地とは違って、裏通りや横丁、ターミナル裏といった、ちょっと微妙な街の空気感漂う立地にある店が多い。

この「バー・ウイスキー」も、御堂筋が道頓堀川に架かる道頓堀橋から南西、四つ橋筋にほど近いところ、かつての南地の呼び方だと久郎右衛門町にある。

最寄りの駅である地下鉄四つ橋線なんば駅から歩いて1〜2分。夜になると人のまばらな出口から地上に出る。外国人観光客でごったがえす御堂筋線なんば駅から行く場合とは違う街の様相を感じる。

大黒橋の南詰めから「道頓堀」と大書された古びたネオンのアーチをくぐる。かつて石の重厚な階段があった大黒橋は、新しく架け替えられたばかりだ。川沿いの遊歩道も端正に整備されている。

けれども橋の向かい側にはラブホテルが並び、てっちり屋や焼肉店、風俗店やサウナ風呂が混じるエリアであり、その中に「バー・ウイスキー」があるのだ。「♪赤い灯青い灯、道頓堀の〜」と歌われる道頓堀でも、西側のこのあたりは「グリコ」や「かに道楽」の表通りの道頓堀ではなく、ちょっと斜陽感といかがわしさが漂う。加えて店は小さなビルの地下、この店だけの階段を下りてドアを開けて入る。

そういった何とも微妙な裏通りのロケーションゆえ、常連の1人客が多い。とくに開店早々、夕刻の5時ぐらいに行くと、長い間毎日のように通っているんだろうなとお見受けするお年寄りの客が静かにグラスを傾けていて、道頓堀から千日前にかけてのネオンと人の喧噪とは正反対な、スタッグ・バーそのものの雰囲気を呈している。

余談になるがスタッグとは牡鹿のことで、かつてこの類のバーには女性が入れなかった時代があったのだ。

大阪ミナミもそうだが繁華街には、大勢で街に繰り出して宴会したり、ディスコで踊ったりカラオケで騒いだりするような祝祭的な側面と、一人あるいは少人数で静かに飲める落ち着いた側面がある。古い繁華街の奥行きともいうべき一面だ。

重厚さと華やかさ。
「絵になる」所作の数々。

昭和45年（１９７０）、大阪万博（ＥＸＰＯ'70）の年に創業したこのバーは見事に後者であるが、少し寂れたロケーションと店の古さとは対照的に、店内はとてもいきいきしている。黒いカウンターや店内の真鍮部分は磨き込まれ、所狭しと並べられる酒のボトルやグラスはピカピカに輝いていて、圧巻である。

店主は日本バーテンダー協会「マイスターバーテンダー」の小野寺清二さん。長いカフスのワイシャツにベストと蝶ネクタイ姿の小野寺さんはとてもダンディで、グラスに氷を入れる、酒を注ぐ、シェイカーを振ってカクテルをつくる……まるで０コンマ１秒を競うかのようなきびきびした所作が美しい。ひじを張って布でグラスを磨く姿すら感動的だ。それら一切の動きを目にした客は、いつもつくられる一杯の酒を前に、背筋を伸ばし、喉がごくりと鳴る。

ＢＧＭも酔客の騒ぐ声もない静かな雰囲気――客がけっして酒に甘えないから、酒で店が荒れないのだ。こういう風格すら感じる空気感のバーは、外資系の一流シティ・ホテルのバーに数多く見かける。だがロケーションでいえば、それとは正反対のベクトルの場末的な街場に、このようなバーが存在するところに大阪ミナミという街の面白さがある。

それは土地の持つ歴史なのか、個店の力なのか、人それぞれ感じるところは違うと思うのだが、世界中あちこち飲み歩いたがこのバーが一番好きだという地元客の声に納得させられるのは、わたしも大阪の人間だからか。

バー・ウイスキー

カウンターに腰掛けると、ニンジンやキュウリのスティックと塩豆が出てくる。店名のようにずっとウイスキーの水割りを飲み続けているような常連客も多いが、このところラム・ベースでミントの葉とライムが加わるキューバのカクテル、モヒートが人気。流行といえば流行だが、この店のそれは一手間も二手間も違う。

●大阪市中央区道頓堀2の4の14　シモウラビル地階
☎06-6211-9625
17時～23時　日曜休
※2013年10月掲載時

◎ここにしかない、街の味

京の台所・錦市場を象徴する刃物店。はじまりは「桶狭間の戦い」の年だった。

【有次】

京都・錦市場

有次の出刃包丁は包丁鍛冶から柄付けに至るまで、堺の職人が担当する

このほど出版した『有次と庖丁』（新潮社）の取材と執筆で、約1年半の間、［有次《ありつぐ》］の店がある京都の錦市場に通った。

長さ400メートル、幅3メートルあまりの長く狭い通りに約150の店舗がひしめき合っている錦市場は、年末になれば必ずニュースに「師走でにぎわう京の台所」として登場するおなじみの市場だ。

圧倒的に目立つのは何といっても鮮魚店で、鰻や塩干を含めると約30店舗。漬物店が7軒、かしわ屋やたまご屋、だし巻き専門店が5軒。逆に牛肉を扱う精肉店は1軒のみというのも、京都の旧い市場らしい。

ただ一軒の包丁・料理道具を扱う［有次］は、戦国時代の1560年創業、御所御用達の刀鍛冶をルーツに持つ老舗だ。桶狭間合戦があった年だということを照合させると、実戦で抜かれる太刀や振り回される槍が脳裏に浮かび上がってきて、ちょっと凄みがある。

店舗は間口3メートル奥行き17メートルの典型的な京の町家だ。その「鰻の寝床」の細長い店内は、壁一面が3段に分けられたガラスの陳列台になっていて、包丁がずらり。鋭く尖った刃先が同方向に向けられて何百本もの刃物が並ぶさまは、奥歯の神経が冷たくしみるような怖さがある。とともに、じっと一本の包丁をクローズアップし見入ってしまう、ある種の魔力を感じる。

店内奥の接客カウンター内は、回転砥石や砥石台が置かれ、包丁研ぎの作業場になっている。十八代目当主以下が包丁を研ぎ、切り刃を仕上げている様子は、刃金が砥石に当たるシャッシャッという独特の音と相まって、ライブな「ものづくり」の現場そのものだ。

切れ味鋭い［有次］の包丁はもはや世界的に知られていて、客の2割が外国人とのこと。包丁研ぎのシーンを熱心にスマートフォンで撮る姿をよく見かける。

古都の職人が培ってきたグッドデザイン。

包丁や銅に錫を引いたおろし金、槌目が美しい雪平鍋、真鍮製のお玉、そして鰹節を削る刃の付いたかつお箱。店内に整然と置かれたこれらの料理道具は、「用の美」としてのデザインが際立っている。そして京都で［有次］製品を使わない板前や料理人はいないと言われるほどの存在でもある。

デパートなどでは「食器・調理用品」売場は「キッチン・ダイニング雑貨」のフロアに再構成され、街の雑貨店ではティーカップやワイングラスと同じ感覚で、カラフルなフランス製の鋳物鍋が並び、買う時には箱にリボンがかけられたりもする。［有次］にはまったくそんなファンシーな雰囲気はない。

日本の調理道具に色は少ない。鑿や鉋といった大工道具に近い雰囲気がある。事実、この店の歴史を聞くと、仏像を彫刻したり、茶道具にする竹を削ったりする小刀や彫刻刀が、包丁より先の主力商品だった。今もそれらは、幕末期の御所出入りの鑑札とともに、一番奥にある棚で目にすることができる。

大工や彫刻師と同様に、仏師をはじめとして筆や煙管、弓や竹刀など、さまざまな工芸品をつくる人々は古都京都に集まっていた。京料理を含め、この店は彼ら、ものづくりの職人たちのための道具をつくり続けてきたのだ。

現在は料理道具が商品のほとんどを占めるが、このようにちょっと歴史を戻して京料理を見てみると、グルメ・ガイドやショッピング情報誌には載らない、京都のものづくりの一面としての食文化が見える。

有次

包丁の種類は何と400以上。とくに刺し身用の柳刃や魚を捌く出刃、菜切りといった用途別の和包丁の多彩さは圧巻で、なるほど和食の総本山・京都の包丁屋だ。鰻専用の「サキ庖丁」も、京都、江戸、大阪、名古屋、九州とあり、著しい形状の違いに驚くとともに、昔から京都にさまざまな地方からの料理人、職人が集まっていることがうかがえる。

●京都市中京区錦小路通御幸町西入ル鍛冶屋町219
☎075-221-1091
9時〜17時半
(1月1〜3日休)
※2014年4月掲載時

◎ここにしかない、街の味

「ひとびとの居酒屋」に満ちる幸福感。いい店には「ターゲット」という言葉は無縁だ。

【丸萬】

神戸・新開地

醤油入れと刷毛はバッテラなど鮨に使う

「かつて」の賑わいで語られがちな神戸・新開地〜福原界隈。

ちょうどその北の入り口。この店のある通りの1本西が湊川公園で終わるアーケードの新開地商店街で、東がネオン輝くソープランド街の福原桜筋。その風俗街へ続く辻の角地にあり、隣のパチンコ店と斜め向かいの旧い映画館が、さらに人の欲望を露出させるような、この街独特の猥雑な空気感を漂わせている。

けれどもこの居酒屋の休日の昼下がりの光景は、ほのぼのとしていて幸福そのものだ。

見事に使い込まれた変形五角形の、厨房を囲むコの字型の檜の見事なカウンターは、昭和25年（1950）創業時のもの。昭和46年（1971）の都市区画整理で店が削られ建て直したが、その際に長さと形を整え、再利用している。

そのカウンターの一辺では年配の男性がゆっくりとアナゴの箱寿司を食べ、熱燗をやっている。もう一辺ではスポーツ新聞を広げながら鯖のきずしとイカウニをアテに、小ジョッキと酒を同時進行で飲んでいる。居酒屋マニア風の3人客からは標準語が聞こえる。

テーブル席では、若夫婦が子ども連れでトンカツやだし巻きや焼鳥、ほうれん草のおひたし等々を広げて、居酒屋というよりも食堂という感覚で食事中だ。

カウンター席からは、板前や料理人たちの包丁さばきや煮たり焼いたり、揚げ物の衣をつける、バッテラを押す…までの一切合切の様子が見え、丁寧極まりない仕事がわかる。日本酒をガラス徳利に入れたり、洗い場の女性が瀬戸物の器や楕円形の白い洋食器を洗ったりするシーンまで、粋な感じがする。

背筋の通った店の姿勢が伝わってくるのだ。また店は家族で切り回しされているのがわかる。焼き物、揚げ物を担当する三代目店主、カウンターやテーブル席を忙しく動き回る奥さん。創業者の奥さんは80

蔵を超えてお元気そのもの。店主の伯母さんだ。料理用の水は昔ながらの井戸水を使っている。灘の酒造りで名高い六甲山系の水だ。それらは決してレトロといった感覚ではない。そういう店の成り立ち方に、旧い町の奥行きというものを実感する。

人が人をもてなす。その原点が真ん中にある。

街は通りで成り立っている。通りには店が並ぶ。通りが縦横と交差し、にぎやかに人が行き交うのが街である。この店を見ていると、新しい大型商業施設にある、どこに行っても同じメニュー、同じサービスのチェーン店の居酒屋とはまったく違う、この街自体を「いま／ここ」として微分したかような空気を感じる。

店という商業空間の中で、人がエッジの立った個人として際立っているからだ。客も店側の従業員も代替可能な存在でない。常連の一人客には店員が日常の立ち話的に接するし、家族連れや若いカップルにはそのシチュエーションに応じて。ガイドブックを見てきた客には、優しく接客する。まったく気取ったところがない、大変に入りやすく出やすい、いわば「大衆酒場然」とした店であるが、酒で荒れる客は見かけない。

この新開地・福原に限らず、昼から店を開ける酒場を長年やっていくというのは、並大抵のことではないだろう。酒を昼から飲んで大丈夫な人が、毎日に幸せに飲めること。それはおいしい肴や料理や特別のお酒とか、店の佇まいや内装とか、長い歴史や古い暖簾だけでは決して成り立たないのだ。

丸萬

カウンター24席にテーブル席、2階は座敷になっていて、山登りをしてきたグループが「お疲れさん」をやっていたりする。刺し身盛り合わせは1000円。以下、黒板にずらりとメニューが並ぶ。きずし、小ダコ、ゲソ塩焼きなど300円。酒は白鶴上撰340円。バッテラやアナゴの箱寿司500円（すべて税別）。

●神戸市兵庫区福原町27の5
☎078-575-4184
12時半〜21時　火曜休
※2014年6月掲載時

◎ここにしかない、街の味

黒門市場で80年を超えて「食の玄人」を惹きつける、濃いコーヒー。

【伊吹珈琲店】

大阪・黒門市場

スプーンに大きな角砂糖が2つ
乗せられて出てくるのも味だ

長く編集していた「ミーツ」誌で音楽評を書いてもらっていた先輩と、久しぶりに黒門市場の「伊吹珈琲店」を訪ねた。先輩は60代半ば過ぎの地元ミナミの人で、「父に連れられて行った」のが50年以上も前。客も店も親子二代の付き合いだ。

先輩は70年代から心斎橋で輸入レコード店を構え、80年代にはCDショップになり、現在は併設していたカフェがメインの店舗形態に変わって、現在に至っている。

ミナミの街、そして店は激変している。料理店の「玄人筋」が買い出しに来る黒門市場でも同様で、昼下がりには外国人の観光客が目立ち、味にうるさそうな中国人の家族連れが、隣り合わせのマグロ専門店と精肉店の前で、どちらの店で食べようかと物色している。このところ黒門市場の店では、店頭にカウンターやテーブルを置き、店が扱う食材を料理し食べさせる店が多くなっているのだ。マグロ専門店では「刺し身盛り合わせ」「マグロ丼」など店頭メニューが写真とともに中国語で表記されている。

メインの南北の通りの端っこには、無料休憩所のようなスペースに椅子とテーブルが並べられていて、観光客が店で買ったパック入りの刺し身や惣菜をペットボトル片手に食べている。

けれども青果店に並ぶワサビはニンジンのように特大で「1本2300円」だし、魚屋には明石鯛やアコウ、ウニや赤貝など高級魚介が並んでいる。夏だというのにフグのみを売る魚屋もある。ハモを扱う鮮魚店では、ざっくり割られた頭の後からピアノ線を差し込んで活きた魚を締める「神経抜き」の最中だ。そういう黒門市場の光景は変わらない。

フードも珈琲同様、他の追随を許さぬうまさ。

黒門に限らずどこの市場にも必ず旧い喫茶店がある。食材を仕入れに来た料理人や買い物帰りのおばさんグループ。もちろん長靴を履いた市場の人たちもひと息つきにやってくるし、商談中の光景も目にする。

こういう市場の喫茶店のコーヒーやトーストやサンドイッチは、常連客が食のプロだけに、必ず高レベルだ。先輩が評するに「子どもはよう飲まん」苦みが際立つ濃い「ストロングな」コーヒーは、一口飲むだけで「あ、この味だ」と一気に記憶が呼び起こされる。世界中どこに行ってもあるチェーン店の「カフェ・マキアート」をバニラやキャラメルのシロップで「カスタマイズ」したところで、逆立ちしても敵わないミナミの市場の味がする。

「コキッサ（古喫茶）」という言い方で、旧い喫茶店のことをそう呼んで訪ね歩く愛好家が増えたが、古くてレトロだから良いというものではない。なにものでもないその街の日常とその喫茶店の年季がシンクロしている店空間のなか、「その都度、自分のためにお店の人が作ってくれている」確かな手触りが得難いのだ。

入口の脇には複数の新聞が無造作に置かれている。これも記憶通りだが、確かその横に公衆電話があったはずだ。赤だったかピンクだったかは覚えていないが、喫茶店はひとりで入って新聞や週刊誌や漫画を読んだり、ボーっとしたり、あるいは誰かと親密な話をしたりする場所であるのと同時に、電話をかけるためにわざわざ入ることもあった。

ケータイ電話やインターネットが普及した今は、公衆電話を見かけることも少なくなったが、濃いコーヒーとスポーツ新聞と公衆電話の光景はセットだったような気がする。

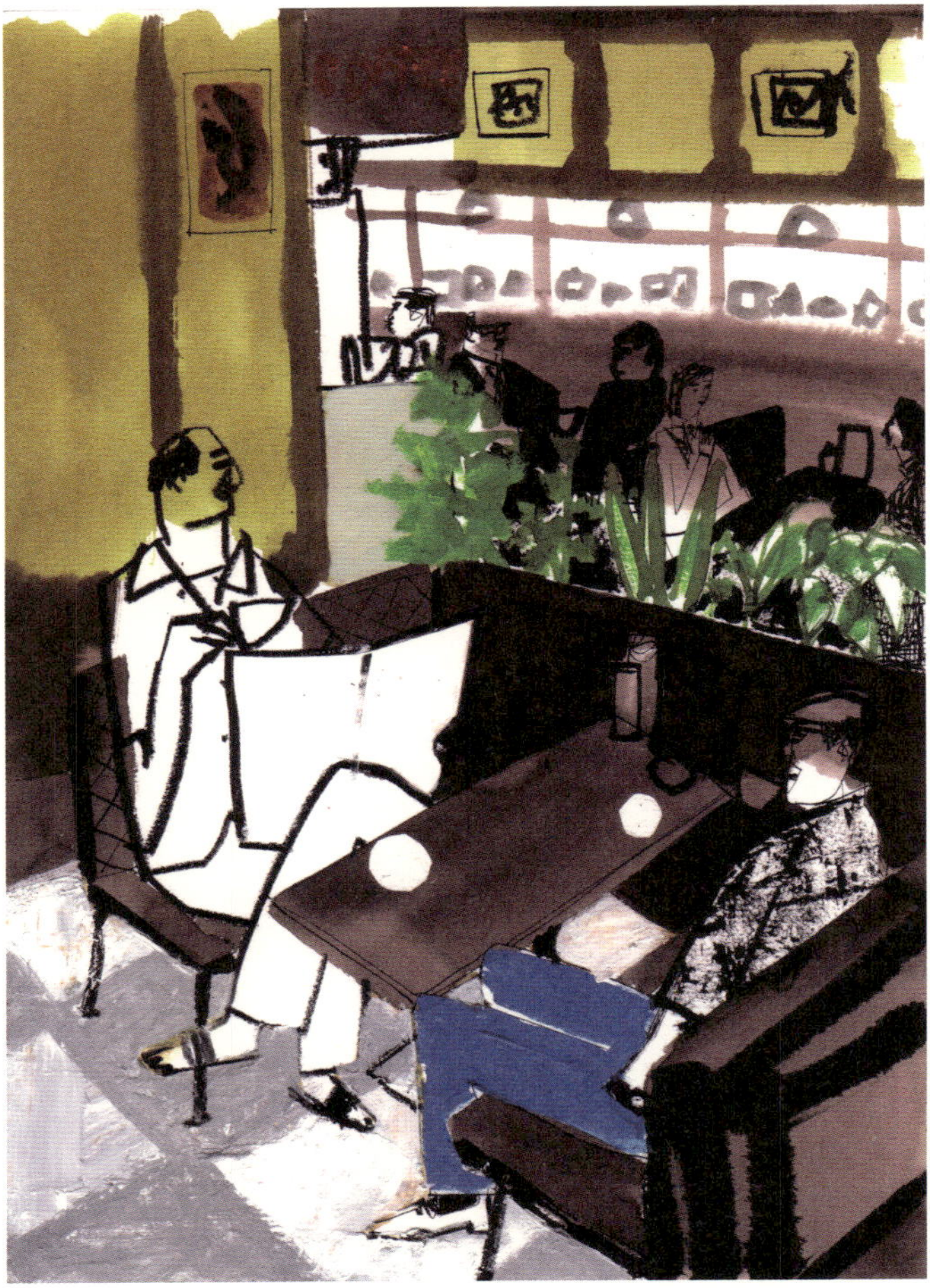

伊吹珈琲店

店主いわく「多分、日本一濃いコーヒーじゃないですか」という濃厚豊潤なホットコーヒー（480円）。この店に50年以上通う本文中の先輩によると「角砂糖は2つ入れなアカン」し、「冷めてからが、またうまい」。バター、ジャム、ハチミツが選べるトースト（190円）やソーセージとたまごとデミグラスソースのミックスドッグ（560円）など、喫茶店フード・メニューもずば抜けている。昭和9年（1934）創業。

●大阪市中央区日本橋1の22の31
☎06-6632-0141
7時〜19時45分　元旦休
※2014年7月掲載時

◎ここにしかない、街の味

はたらく人間御用達の地下街で愛される「ファスト」しゃぶしゃぶのオアシス。

【new KOBE堂島店】

大阪・堂島地下街

コンロは一つずつカウンターに埋め込まれていて、上等な銅鍋がセットされる

全国の主要都市にある地下街は、ほとんどが昭和30年代から50年代にオープンしている。地下街王国・大阪では昭和32年（1957）「なんば地下センター」（現NAMBAなんなん）の開業が一番早かった。

地下鉄西梅田駅から南へ、堂島川にかかる渡辺橋手前までの250メートルの地下街「ドーチカ」は、昭和41年（1966）開業だ。

わたしは大阪で仕事をしていて30年ぐらいになるが、南船場と江戸堀に「ミーツ」編集部があった数年間以外は、堂島2丁目、中之島3丁目、堂島浜2丁目とずっとこのドーチカを通勤路にしてきた。

この地下街は「ホワイティうめだ」や「なんばウォーク」といった地下街と比べて少し手触りが違うのは、四つ橋筋沿いのオフィス街の地下にあるので、ビジネスマンやOLが多いことだ。だからかテナントの多様性は面白い。ゴルフショップの隣が印判店でその向かいが文房具店と靴屋だったり、昔ながらの理容店、和菓子の老舗もあったりする。

ランチ行きつけの[new KOBE]は一人しゃぶしゃぶの店で、西梅田駅から地下街に入ってすぐのところに、大阪の人間なら誰もが知る［インデアンカレー］と仲よく並んでいる。

しゃぶしゃぶ発祥については京都、大阪と諸説あるが、大阪・北新地の［スエヒロ］という説が有力だ。普通しゃぶしゃぶは大阪では「ごっつぉ」の類であり、誰かと鍋を囲んでゆっくり座敷で楽しむものだ。が、この店はカウンターのみで、3人で行っても1人に一つの鍋が出てくるし、お昼どきには客が列を作っている。

考えてみれば、スライスされた肉を箸で挟んで、さっと振るように湯にくぐらすだけで（だから「しゃぶしゃぶ」なのだ）食べる。ファストフードだといえばまさにそう。それなら、と慌ただしい時間のランチに取り入れてヒットさせたのがこの店だ。スライサーや一人コンロなどの器具開発もあった。

また、店舗は同じ地下街のなんばウォークとの2

店のみで、大阪のど真ん中の店なのに、肉なら神戸だろうと、大胆にも「ニュー神戸」と店名に謳っている。これもまことに大阪らしい。東京のグルメ誌の編集者などは「お昼に一人でしゃぶしゃぶを食べるなんて、よそでは見かけませんね。さすが大阪」と感嘆していた。

目の前に、120秒でやって来る肉と野菜。

厨房を囲むカウンター23席に客がずらりと一人しゃぶしゃぶを食す光景は圧巻だ。客が座るやいなや注文が聞かれ、真ん中に据え付けられているスライサーでシャーと肉が切られる。その間にもう一人の店員さんが、沸騰寸前の昆布だしの湯が入った一人用銅鍋をセットし、ポン酢またはごまダレ、野菜や豆腐、うどんなど付け合わせの盛り、ごはんと漬物をカウンターに並べる。

「サービングタイム2分です」、とは二代目の川村秀樹社長。ファストフードのハンバーガー店顔負けのスピード感もイラチな大阪人にフィットする。昼は豚、牛、ミックスの3種類とそれのS、M、Lの3ボリュームが選べる。その日、その時のお腹と懐具合に合わせて、といったところだろう。豚S（820円）でも十分な量で、このあたりが地元・大阪の客のニーズを知り抜いている。

夜はさらに細かいディナーメニューがあって、特選黒毛和牛ロース（レギュラー3550円）というのもある。見事なサシが入ったロース肉のブロックを見せながら「こればかり食べに来はるファンもいてます」と川村社長は不敵に笑う。慌ただしい地下街のこの店でしかないスタイルだが、極上の肉を一人で食べているその常連さんを想像して、やっぱり大阪は食だと思うのであった。

new KOBE堂島店

昭和58年（1983）創業。ドーチカの中でも「インデアンカレー」「551蓬莱」と並ぶ古参の店。地下街が最先端だった頃のモダンさと活気にあふれていて、それらもまことに大阪らしい。忙しい堂島かいわいの女性一人客にも好評だ。

●大阪市北区曽根崎新地1堂島地下センター4号
☎06-6344-7680
11時〜16時、17時〜22時（土曜11時〜21時、祝日11時〜16時のみ）日曜休
※2014年9月掲載時

◎ここにしかない、街の味

手練れの接客に、遊び心満載メニュー。「大阪らしい」とはこんな店のこと。

【大阪一とり平本店】

大阪・新梅田食道街

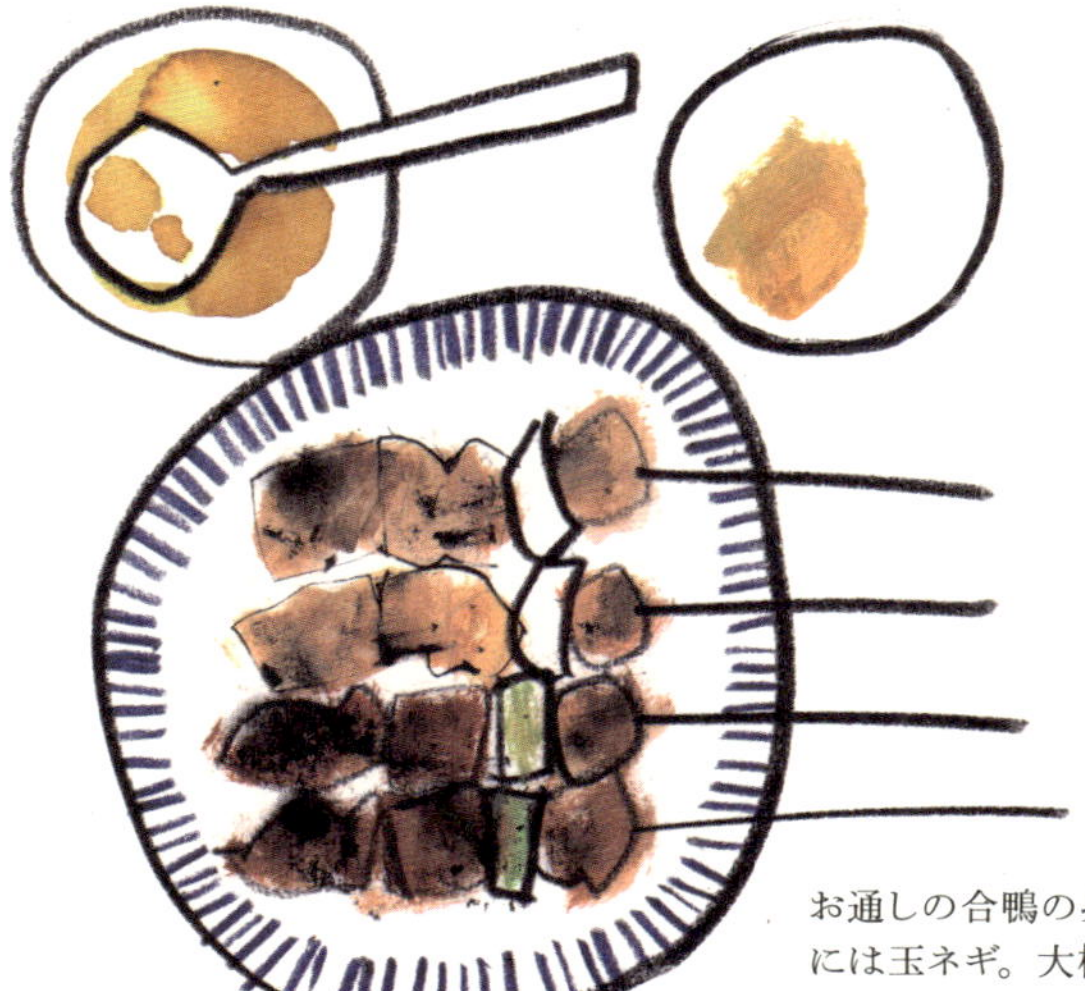

お通しの合鴨の身にはネギ、皮には玉ネギ。大根おろしは焼鳥の口直しで、スプーンで食べる

阪急梅田駅の3階改札口への大エスカレーターのすぐ手前、JR大阪駅東側のガード下が新梅田食道街だ。たこ焼き、うどん、串カツから寿司、洋食、中華料理、バーや居酒屋まで約100店舗が縦横斜めの細い路地状の通路に並び、「最も大阪らしい飲食街」といわれている。

昭和52年（1977）に阪神間の大学へ通うようになって、地下鉄梅田駅から阪急神戸線に乗り換える際、よく「おおさかぐりる」で洋食のセットを食べた。岸和田から南海本線で難波、そこから地下鉄御堂筋線を乗り継いで梅田へ。1時間あまり、どちらも満員電車の立ち詰めだから、結構腹が減る。店は朝から開いていて、フライ類とライスに味噌汁が付いたセットは学食並みに安かったと記憶する。今は新しく改装されて当時の面影は薄いが。

エスカレーター前の「珈琲通の店ニューYC」で待ち合わせをしたり、「松葉総本店」で串カツを立ち飲みの生ビールで流し込んだり。「大阪一とり平」のカウンターに一人で座って焼鳥を注文するようになった頃は、梅田という大ターミナルを迷わず歩けるようになっていた。

この飲食街の入り口にあたる場所（何と「珈琲通の店ニューYC」の隣）にマクドナルド、そして牛丼の吉野家とチェーン店がテナントとして入って来たのはずっとずっと後。気がつけば30年以上、この新梅田食道街に通ってきた。

「とり平本店」は、まったくその頃と変わっていない。横に細長いカウンターだけの奥行きのない店で10数席。座ると大根おろしと辛子の小皿が出てくる。そして合鴨の身と皮が炭火にかけられる。「お通し」の合鴨のタレ焼き4本だ。

昭和26年（1951）創業時は、まだまだ食料物資が不足していた時代だったが、合鴨の飼育から精肉販売までを行う業者にツテがあった。それが今や「河内鴨」で有名なツムラ本店であり、その贅沢な合鴨を店の目玉メニューとして、まず初めに「お通し」として出す。ユニークな伝統である。

「客の顔を覚える」とはどういうことか。

カウンター内のスタッフは、客がこの一皿を食べる様子をしっかり観察する。その客が空腹なのか、好みは何なのか。

壁の木札には「ネオドンドン」「ネオポンポン」などと、突拍子もないメニューが書かれてある。初めての客なら必ず「それはいったい何?」と訊く。狙いはそこだ。会話の糸口になるようにと初代が考えた。ネオドンドンは心臓で、鼓動の「どんどん」にかけてある。まことに大阪のおっさんのシャレ的感覚だが、職人的符牒っぽくもある。

この店は一切、伝票を使わない。焼き手は、カウンターに腰掛ける客の注文を頭に入れる。勘定は焼き場の横でマッチの数と向き、ビールの王冠の裏表などでつける。ソロバン勘定がしやすいからだ。「初代が無駄をそぎ落とした結果そうなった」と三代目中村元信さん。

元信さんは大学を出て商社に就職した。二代目の父親に「うちは客はサラリーマンが多いから、その世界を勉強してこい」と言われてのことだ。3年間の会社勤めの後、家業に入る。炭火の前に立って、何と暑い仕事やなあと思った。父には「まず客の顔を覚えなあかん」と言われた。だから伝票など書かない流儀なのだ。もちろんマニュアルなんてない。常連のこの人はビールはキリンでグラスではなくジョッキやとか、焼き加減、塩の量など好みも。「顔を覚える」ということはそういうことなのだ。旧い鮨屋や割烹のような世界である。

こういう深くて渋い店が、新梅田食道街には実に多い。そして小さなこれらの店が、経済合理性とグローバルスタンダードを押し出すファストフード・チェーンと互角以上の勝負をしている限り、この飲食街はまだまだ「大阪スタンダード」の街のあじを守っている。

大阪ー とり平本店

とり平はこの本店、総本店、北店、ワインが売りの「中村や」と4店すべてが新梅田食道街にある。常連が大半を占めたり、女性客が多かったりと、各店客層が少しずつ違うのがおもしろい。ネオドンドン３００円（２本）。瓶ビール６００円（大）。

●大阪市北区角田町9の10
☎０６・６３１２・２００６
平日15時〜22時半、土曜12時〜22時、祝日12時〜21時
日曜休（日・月が連休の場合は日曜も営業、12時〜21時、月曜休）
※２０１４年10月掲載時

◎ここにしかない、街の味

御堂筋と道頓堀、華やいだ十字路にお似合いの一品「ビーフワン」。

【はり重カレーショップ】

大阪・道頓堀

これがビーフワン。階上のすき焼き店の割り下をアレンジしたダシは文句なし。甘辛い典型的な関西風味でご飯との相性が抜群

道頓堀の入り口、御堂筋の角にある［はり重］は、地元人にとってランドマーク的存在だ。タクシーに乗っても「はり重前へ」で通る。

街の姿や手触りがすっかりコンビニとファストフード店、カフェも物販もチェーン店系のテナント、そして中国や韓国からの観光客、といった変貌激しい道頓堀橋南詰あたり。だが、この店と隣の松竹座の光景だけは、かつて「道頓堀五座」と呼ばれた芝居小屋が並ぶ「これぞミナミ的な喧噪」といった街の空気が漂う。

シャープな破風が横3つ、縦3段に並ぶ3階建ての角地に建つ日本建築は、黒毛和牛を商う老舗精肉店とその直営料理店にふさわしい佇まいだ。1階には古き良き洋食店のムードが感じられるグリル、2～3階はすき焼き、しゃぶしゃぶと和食のお座敷で、別にしつらえられた玄関から入ると、料理旅館のような広い上がりかまちと階段が待ち構える。そしてもう一つが、御堂筋に面してドアがある軽快なこのカレーショップだ。

業態も内装も入り口も違う3店による「食事をされたい、肉が食べたいなら、どんな時でもいらっしゃい」という三段構えは、いかにもミナミらしいサービス精神たっぷりだ。

創業は大正8年（1919）。戦後すぐの昭和23年（1948）にこの地に店を構えた。カレーショップが今のモダンなスタイルの店舗形態になったのは昭和34年、当初はカウンターでカレーのみだった。

カレーと並ぶ2枚看板の「ビーフワン」は、メニューの一番右の上にあって、「牛丼の玉子とじ」とただし書きされている。「これが他人丼とかのそのままの名前やったら、流行らんかったと思う」とは代表取締役の藤本稔さん。「ナンバーワンのビーフ」と「おわん」で「ビーフワン」。まことに浪速チックなネーミングである。そもそもが毎日カレーを食べに来るなじみ客を気の毒に思ってメニュー化したものという。商売というのはかくありきだ。

大阪ミナミ「デラックス」の典型。

このカレーショップの内装は素晴らしい。店に入ると目に飛び込んでくる正面奥の鮮やかな藍色のタイル、花の形をしたランプシェード、天井に渡された梁と刻み模様。そんなインテリアのなか、大きく開かれた窓から薄いカーテン越しに、御堂筋を忙しく歩くビジネスマンの姿やミナミに遊びに来た人、外国人観光客……さまざまな人と思いが行き交う都会的風景が見える。

室内にあって、まるで屋外のテラスのような空気感は、人混みかき分け忙しく店に飛び込み、カレーや丼をかきこむ慌ただしさをもなごませてくれる。長年店に通う一人客が好む、この店のなにものにも代替できない魅力は、フードメニューの味やサービスや内装とともにある、この御堂筋、道頓堀というロケーションの街的感覚にほかならない。

都市の一等地には少し前なら損保金融のビルやファッションビルなどの商業施設、そして今はそのような大規模なビルの1階に、必ずファストフードやチェーン店系のカフェ、コンビニ、ケータイショップといったテナントが入っている。どこのターミナル、駅前、目抜き通りも、のっぺり同一の経済合理性が前景化していて、それが日常的に街に出て歩く者のまぶたを閉じさせる。

先日地下鉄に乗ったら、グランフロントや京セラドーム大阪や大阪城や天保山大観覧車などがビジュアルで、「ｏｓａｋａは、まるごとテーマパークだ」という広告コピーの観光ポスターに目を奪われたが、このスタンスが根本的に違うのだと思う。御堂筋と道頓堀の角地のこの店は日常のランドマークであって、誰かが何かを仕掛けるイベント的な存在ではないのだ。大阪はまだまだナマ身の街、その街だけのかけがえのない通りと店こそが魅力なのだ。

はり重カレーショップ

毎日出る黒毛和牛の端肉を「おいしいものは余すところなく」と使ったご飯メニューは、さまざまな部位の端肉が使われているため、味や食感にリズムがある。食べ終わった後の満足感も満点。さすが大阪屈指の精肉店直営の店である。ビーフワン670円。カレーライス600円。

●大阪市中央区道頓堀1の9の17
☎06-6213-4736
11時～21時10分
火曜休（祝日は営業）
※2015年2月掲載時

◎ここにしかない、街の味

住所表示が別の名前になろうとも、ここはずっと変わらぬ「鰻谷」。

【ヘミングウェイ】

大阪・東心斎橋

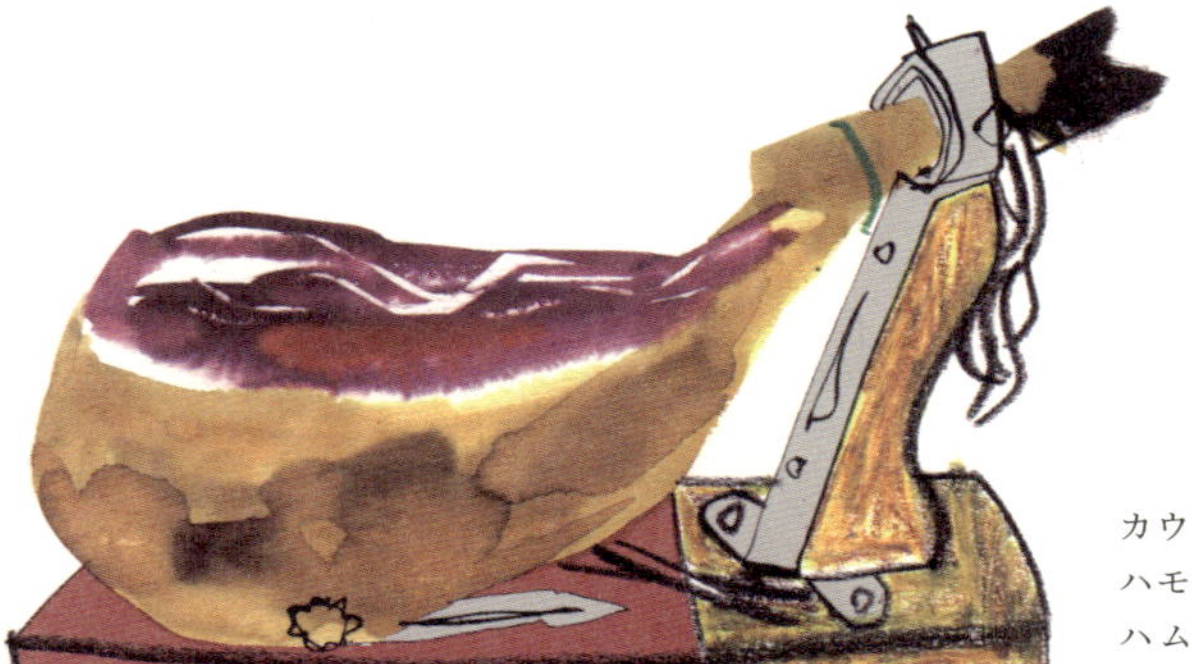

カウンターにでんとスペインのハモン・イベリコ（スペイン豚のハム）が鎮座している。客の注文でその都度スライスされる

大阪・ミナミの心斎橋あたり、正確には長堀通のすぐ南の2本の通り、堺筋から御堂筋までの細長いエリアである「鰻谷」。江戸時代にさかのぼるこの旧くて少々変わった名前の街が、「お洒落なおとなの街」として情報誌やファッション誌に登場し始めたのが1980年代半ばだった。

メインエリアには、コンクリート打ちっ放しやガラスと金属の最先端デザインのビルが並び、新しい仏伊ブランドを扱うブティックやカットハウス、レストラン、バーなどがかっこ良くレイアウトされていた。

それらの店舗の内装は、その頃新しい職業として認知されはじめた空間デザイナーの手による最新流行のもので、デザイナーやスタイリスト、ヘアメイク、モデルといったファッション・クリエイティブ系の「カタカナ業界人」が集まっていた。バブルの絶頂期まであとわずかの頃で、ちょっとスカしたうそっぽい雰囲気が漂っていたものの、鰻谷で時間を過ごすことが「イケてる」ことだった。

その頃とは時代も消費経済動向もがらりと変わった。流行は、ユニクロやH&M、ZARA、IKEAなどの安価で大量ロットをグローバル戦略とするブランドが吸収し、このあたりの通りもコンビニやチェーン店系の飲食店が目立つようになった。

けれども歩けばわかるが、アメリカ村とは違った落ち着いた街の様子、北新地にはないストリート感覚は、まだまだ鰻谷という界わい独特の空気を醸している。

この街にある「バー・ヘミングウェイ」は開店19年目。以前はメインエリアの洒落た飲食ビルの6階にあって、あの時代からの鰻谷を引き継ぐ、「ど真ん中」らしい店だったと記憶している。

自分がやっていた雑誌『ミーツ』でも、スペインのヴィノ・デ・ヘレス（シェリー酒）協会から日本で初めて認定されたベネンシアドールが店主の最先端のスペイン・バル」といった紹介をしていたし、深夜にはノーネクタイにジャケット姿の「ちょい悪オヤジ」が女性を連れて来てにぎわっていた。

オーナー・マスターの松野直矢さんは、スペインに料理や食材、ワイン関係の友人が何人もいて、客たちはたとえばハモン・イベリコ・デ・ベジョータなど、当時最先端だった食情報を仕入れに来ていた節もある。シェリー酒を長柄杓を使って頭越しにグラスに注ぐベネンシアドールの妙技も、「おーっ」という具合に注目を集め、これを見せたいがために次に誰かを連れて行くというような人気ぶりだった。古くはソムリエがいてシャンパンを出す洋酒バーも同様、鰻谷はそういう街だ。

「より街的な」鰻谷の店へと変容する。

店は2012年にメインエリアから2ブロック東に移転し、路面に下りた。その隣はお好み焼き屋で、次が散髪屋という昔ながらの通りだ。

そのせいか、店も「昼からやってるスペインワインの店」「コーヒーもビールも飲めるスペイン・バル」という平易な捉えられ方になった。店主の松野さんも、常連客と一緒にテレビで相撲や野球を見て騒いでいて、シェリー酒を注ぐアトラクション的なあの所作も、そんな店に溶けこんで見える。客側も客側で、空腹時にはサンドイッチをビールで流し込んだり、スペインとはまったく脈絡のないウイスキーのソーダ割りをお代わりしたりしている。

鰻谷にあるこの店や街場の「店」は、大規模ファッションビルやショッピングモールに入る「テナント」ではない。流行軸に乗って出店し、予算をたたき出せなかったり数字が下がったりしたら撤退、あるいは業態転換という外食産業のスタンスではない。

ミナミの人気の店は、時代に応じてしぶとい変容を続けるからこそ、いつのまにか年月を重ね老舗になっていく。

ヘミングウェイ

カウンターがメインの細長い奥行きの店。ごちゃごちゃとして気さくな雰囲気で、バーとしてもカフェとしても使えるのがいい。昼からやってるくだけた店だが、スペインワイン、シェリー酒にかけては、おそらく日本で最高レベルの選択眼と品揃えがある。

●大阪市中央区東心斎橋1の13の1　伊藤ビル1階
☎06-6282-0205
15時〜24時　不定休
※2015年3月掲載時

◎ここにしかない、街の味

ジャズ、ロック、ブルース……実人生の音楽を「投げ銭」で聴く。

【難波屋】

大阪・萩之茶屋

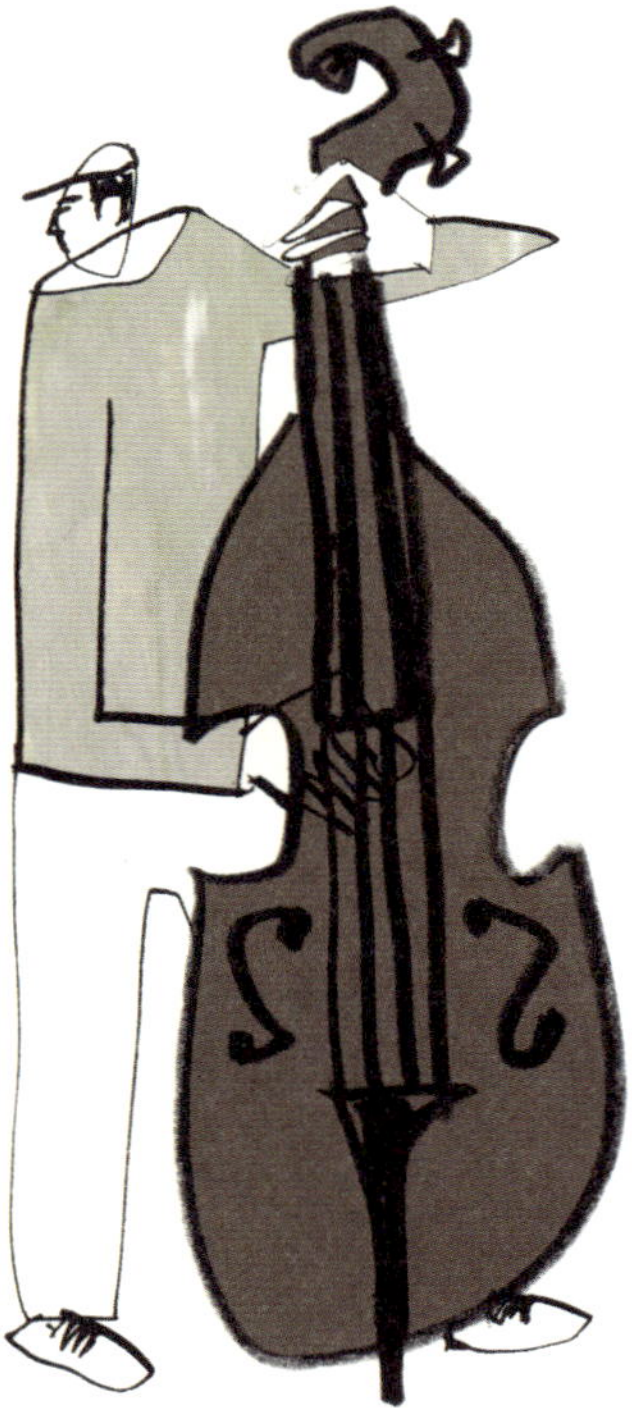

客は奏者と同じ高さ、ほんの目の前に座っていて迫力満点

西成警察署の並びの、1ブロック先に［難波屋］がある。

「1泊1200円」などと看板に出ている簡易宿泊所の前を日雇い労働者が歩く夕暮れの中、ちょっとくたびれた古い立ち飲み店としての外観や、ジャンパー姿のおっちゃん客がずらり並ぶ店内の様子は、まったくありふれた釜ヶ崎の風景の一部である。けれどもこの店はジャズやロックなどの音楽ライブハウスとして知られている。

通りからはまったくその様子はうかがえないが、店の奥がライブスペースになっていて、毎晩7時から日替わりライブが始まる。そのライブは「投げ銭制」だ。チケットを販売したり入場料を取ったりせずに、客が聞いて良かったと思う「気持ち」を支払う。そういうシステムだ。

この日はボーカル&ギターのカオリーニョ藤原とジャズピアノの中島徹のコラボレーション。どちらも全国で活動しているプレーヤーだ。地元・天下茶屋に住む藤原さんは「ここで年に30～40回はやっている」難波屋ライブの常連だ。

約40人の客がベンチやスツールに腰かけ、立ち見客もいる。客を見ていると20代の女性から60代の男性まで、年齢・性別が見事にランダムだ。またこの2人のファンが半分、音楽ライブ自体を楽しみにくる常連客が半分といったところか。地域で見ると、よそから足を延ばしてくる人と地元・近所の人が半々とのことで、こういう客のバランスはキタやミナミのライブハウスには見られない。1ステージ目の後に古い鍋が回ってきて、そこへ客めいめいが小銭や千円札を入れている。

表の立ち飲みスペースからもメロディアスな演奏や歌が聞こえるが、そこで飲みながら聞くのはもちろんタダだ。立ち飲みもライブもすごく開放的で愉快なムードなのは、気軽にジャズを聞いている客のスタンスだ。これこそが西成の土地柄のひとつだ。

ライブは2007年から始まった。客から「マスター」と呼ばれる筒井亘（わたる）さんが先代の叔父から店を引き継いだのが1995年。店の奥を改装しようと板の間をはずし、コンクリートを打ち直したのを音楽仲間の友人に「ライブに使わせてくれ」と頼まれた。

「演歌やって」の客の意識も変わって……

地元・西成出身のジャズドラマー、松田順司さんに友情出演をお願いした初ライブは仲間には好評で、「次からは本格的にジャズっぽくいこう」と全面的にプロの松田さんが参画した。いきなり奥で始まった洋楽のライブに、「わけの分からん音楽せんと、演歌でもせいや」と言う常連客も多かったが、だんだんジャズボーカルやアコースティック・ギターの弾き語りに耳を傾ける地元客が増えてきた。

徐々にライブの回数が増えてくると、やる方の意識も変わってきた。「近頃は、ぜひここでやりたい、というバンドが増えてきました。ジャズやブルースといった音楽が生まれ、それを聞くという素地が、この西成という街にはあるんじゃないですか」と筒井さん。

なるほど、ジャズやロックの音楽的ベースとなったブルースが生まれ愛される街やエリアは、ニューヨークやテキサスを見てもしかり。すなわち労働者や細民の実生活、実人生の声そのものがブルースなのだ。

2人の曲が終わると拍手とともに「カオルちゃん」と常連客から声援。藤原さんはライブハウスが始まる前からの立ち飲み客だ。人生の機微をしゃれたボサノバ音楽と歌詞で表現し、2度のヨーロッパ公演も経験する藤原さんは「ステージから釜ヶ崎のおっちゃんたち、みんなの顔が見えるんです。生活保護を受けてる人、車椅子に乗った人も来たりします。このあたりは入り口で2500円とかのチャージを取るシチュエーションではないですし、よそのライブハウスではあり得ない良いライブの雰囲気は、この投げ銭システムにつきるのです」と語る。

難波屋

イベントライブ「釜ケ崎は今日も晴れだった～本拠地難波屋編」が5月30日～6月2日。音漏れで行政から改善指導を受け、3月にファンや出演者による「難波屋防音カンパ基金」によって工事をした。が、まだ近隣からの苦情がある。そのための「防音工事カンパ」は続いている。

●大阪市西成区萩之茶屋2の5の2
☎なし
8時～翌1時　無休
※2015年4月掲載時

◎ここにしかない、街の味

北野の魅力は坂道の路面店でなく、ちょっと奥まった「隠れ家」にあり。

【ル・パッサージュ】

神戸・北野

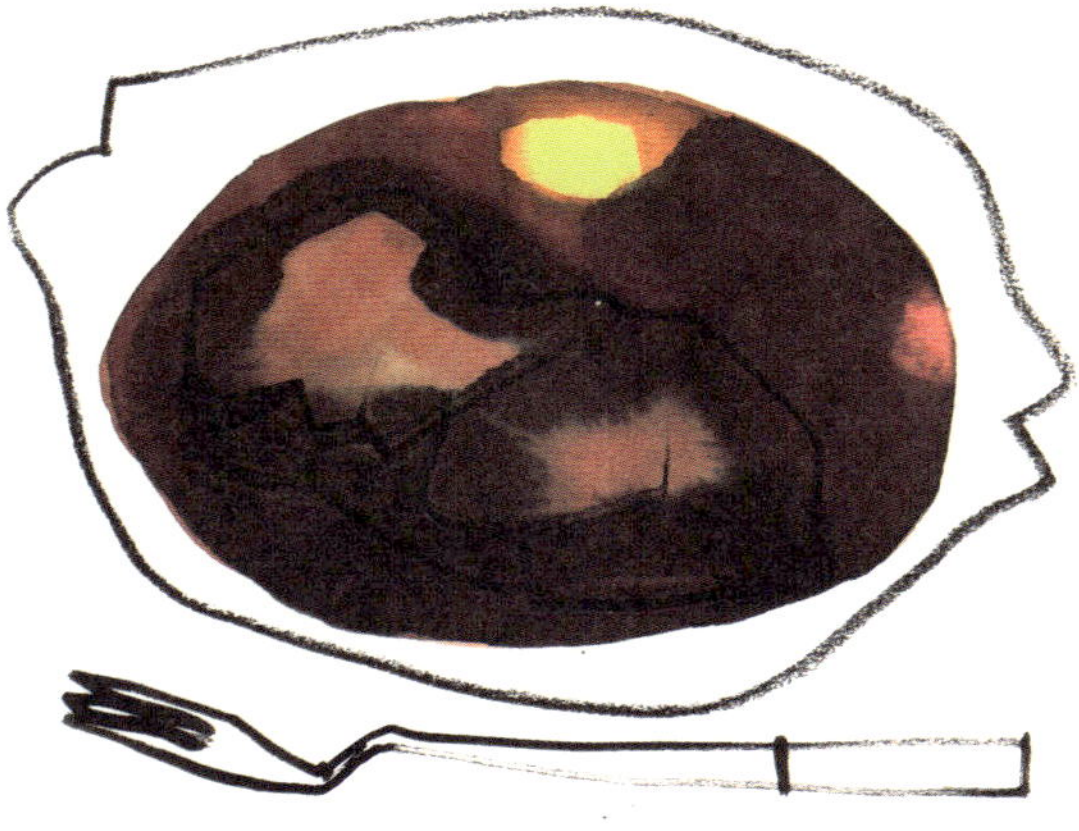

コクとパンチのある特徴を生かした、名物の「平飼い飼育の卵とフォワグラのシンフォニー」

坂の街、神戸。六甲山系が一気に海まで開け、おまけに日あたりの良い南斜面に広がる市街地は、ほんとうに美しい。

同じ店舗デザインのブティックにしろカフェにしろ、大阪のミナミや船場あたりのビルの1階にあるのと、神戸のトアロードや北野坂沿いにあるのとでは全然印象が違う。店舗のショーウインドウも前を歩く人も、綺麗で格好良く見えるのだ。

その北野坂のちょうど中ほどに建つファッションビルのペントハウスの仏レストラン［ル・パッサージュ］は抜群のロケーションだ。まずビルのエレベーターで最上階の5階まで上がり、いったん屋上テラスへ出て、そこから店の戸口まで歩くという凝り方だ。店内は最高部6・5メートルの屋根天井の採光窓から光が注ぎ、緑あふれる山の近さを感じられる。

この北野町・山本通あたりは70年代以前から、在神戸外国人用の各国料理店、作家などの文化人が来店する老舗洋食店、地元神戸っ子に定番のコーヒー専門店があった。それらの店は看板やロゴひとつにしても、何となく大阪や京都と違う神戸らしいさを見せていた。

80年代になり、街自体のお洒落な空気により、ブランドもののアンテナショップをキーテナントにした斬新なビルが建ちはじめた。それとタイミングを合わせるように仏料理のビストロやレストランが集中し、90年頃のグルメブーム期までには、この界隈の腕利きのシェフがメディアに注目され、東京からのグルメ・ファンもわざわざやってきた。また、ほかの外国料理店も、イタリア・スペイン・ロシア・スイス・ギリシャ・メキシコ・チリ・インド・タイ……と世界をめぐる味の旅がこの界隈で可能だった。

震災を乗り越え
奮闘するシェフと、支えた客。

シェフ・春名公章さんは、そんな時代のまっただ中に、2年間のフランスでの修業を終えて帰国、トアロード東の老舗仏料理店のシェフを手始めに、ずっとこの界隈に腰を据えて活躍している料理人だ。

独立して「ル・パッサージュ」を開いたのは１９９４年。順風満帆の滑り出しだったが、翌年早々に阪神淡路大震災が神戸を襲う。何と開店５カ月目だった。「呆然としました。再開できるのか。転職せなあかんちゃうかなあと思った」と振り返る。

震災で街の様相ががらりと変わる。とくに中心地の三宮は被害甚大で、がれきを踏んで北野坂を上がらなくなったのだ。ブランドものを扱うテナントが抜け、大手アパレルが経営する飲食店も逃げるように閉店した。復興してもその流れが続き、観光客や他所から訪れる人が減った。ただ地元・神戸のなじみ客だけが支えた。

２００６年に現在のペントハウスに移転したのは、ちょうどこのテナントビルのメンテナンス工事が終了し、誘われたからだ。ビルオーナーのUさんはこの街の生まれ育ちだ。87年に生家の旅館をビルに建て替え、特別に設計したペントハウスを自分が経営するレストランバーにしていた。

「北野界隈は道路沿いの路面店ではなく、外からは様子がうかがえないビルの中や、ちょっと奥まった場所に〝らしい店〟があるんです」とUさん。

お洒落な路面店を背景に、通りを闊歩したりクルマで流したりするストリート感覚ではなく、街の賑わいから一歩引いた奥ゆかしさにこそ、この街の魅力がある、とのことだ。

なるほど平日の夜など、北野町、山本通あたりは人通りも少なくひっそり住宅街の様相を呈する。というより、本来が港町・神戸の市街地のすぐ山手にある住宅街。坂の中ほどのこのあたりも、一筋入れば中低層のマンション中心の集合住宅が並ぶエリアであり、一番山に近いところに今なお異人館がある。

休日に観光客が押し寄せる「風見鶏の館」はトーマス住宅であり、北京料理店に転用されているビショップ邸、仏料理のグラシアニ邸、また普通に住宅として使われている非公開の異人館がある。

山手の住宅地という本来の土地の記憶が、この街独特の魅力を生んでいるのだと言える。

ル・パッサージュ

全国のグルメに知られているが、神戸ではあらゆる層に定評の店。料理の発想がどうとか、素材のこだわりが……など余計な評価を寄せ付けないレベルの高さで、安心して仏料理を楽しめる。コース昼は5000円～、夜は10000円～（税・サ別）。

●神戸市中央区山本通1の7の11、Demainビル5階
☎078－241－7118
12時～14時、18時～21時半
火曜休
※2015年8月掲載時

◎ここにしかない、街の味

風通しのいい人の輪がある。京橋の「生活者」が集う立ち飲み。

【岡室酒店直売所】

大阪・京橋

赤ウインナー、ピータンとも250円。安いだけでなく、つくづく愛嬌があると思うアテ

同じ「飲み屋街」でも、立ち飲み酒場や立ち食いの飲食店が多くて、それぞれが繁盛している街は親しみやすくて入りやすい。

どこの駅前もターミナル型商業施設が画一化されつつあるなか、大阪ではまだまだ京橋や鶴橋など多くの駅前で、そのような一角を見つけることができてほっとする。営業業態柄、店そのもののかたちが開放的で庶民的なので、街に凸凹を形成しているようだ。人がそのへこみに集まってなごんでいるみたいで、つくづく良い街的な光景だと思うのだ。

所要があってJRや京阪で京橋に降り立つと「ちょっと寄って行こか」という気分になる。小腹が空いていたら立ち食いうどんの店だし、のどが渇いていたら立ち飲みで、小ジョッキにどて焼きや串カツをセットにしたりする。とくに夕方、「ちょっと早いけど直帰しよう」などという場合は、それにタコぶつや板わさなどが加わり、日本酒や焼酎の水割りに進む。またその日の状況によっては、そこから店を変え、焼肉や餃子、そして再びビール等々となる。これはどこから見ても「ハシゴ酒」に違いないが、「健全な飲み方である」などと勝手に思っている。

JR京橋駅北口を出て右に曲がり、今度は左へ折れるとすぐに、10軒ぐらい立ち飲み酒場や居酒屋スタンド、焼肉店などがひしめき合って並んでいる。ひそかに「京橋の立ち飲み横丁」と呼んでいるほんの数十メートルの通りだ。

常連客が一見客を「もてなす」感じ。

中でも「岡室酒店直売所」は、外見からして貫禄がある。ガラス戸からは、客が10人ぐらい入って満員状態であるカウンターの様子が丸見えだ。軒先に暖簾を超える高さまで積まれたビールケースは、「よう流行ってまっせ」と道行く人に言っているようだ。

この店は常連客がほとんどと思しき店だが、一見も多く見かける。とにかく「入りやすく出やすい店」なのだ。わたしはそのどちらでもない幸せな普通の客だが、ある日見事な白髪がライオンのような同世代（と見えた）の一人客と隣り合わせた。

その一人客が瓶ビールを注文すると、ほかの客とは違う見事なステンレス製の長いタンブラーが出てきた。思わず「いいですね、マイグラスですか？」とお聞きしたら、「これで二代目ですわ」とのことだ。初代は店に三つあった錫のコップで、長く使ううちに傷んで貧弱になったのをほかの客が見て、「これ使い」とプレゼントされたのだそうだ。

横のもう一人の客が補足する。「この人、日曜日以外は、だいたい毎日6時以降は、ここにいてますわ」。この人とは「おやぢ漫画家」のNさんで、昨年の春には店の改装を手伝い、暖簾の文字まで書いた。「17〜18年は毎日来てる」という常連中の常連さんで、毎日仕事場からの帰りに、地下鉄の長堀鶴見緑地線を途中下車してということだ。Nさんと店の人やほかの客の会話を聞いていると、この「岡室酒店直売所」が1日の生活のリズムをつくっているのがわかる。単なる「店の客」ではなくて、「この街の生活者」であり、間違いなくこの店は「自分の居場所」だ。だからこそ常連として、新たに店を訪れた人と交わすコミュニケーションに気を使う。

典型的にパブリックな飲食店である立ち飲み店は、誰かと関わる場所であり、その街ならではの「地元感」にあふれている。同じパブリックな飲食店でも、ファストフードやファミレスやチェーン店系のカフェは地元感がないうえに、人と人がコミュニケーションしなくても回るシステムなので、何回行っても店やほかの客と「知り合い」になったりしない。

店名にある「酒店直売所」ということで、飲食店ではなく、本来は「酒屋の立ち飲み」ということで、そういう店は地元の固まりみたいなものだ。地元にあって自分たちの居場所を自分たちだけで守る。けれども偏狭な内輪のクラブ意識ではなく、この立ち飲み店を基点に「外部」とつながっている。そういうことが多分、「まちづくり」なのだと思うが、誰が行っても愉快な立ち飲み店のある街は、店がそれを具現化しているので、地域情報発信だとかをいちいち声高に主張したりしない。

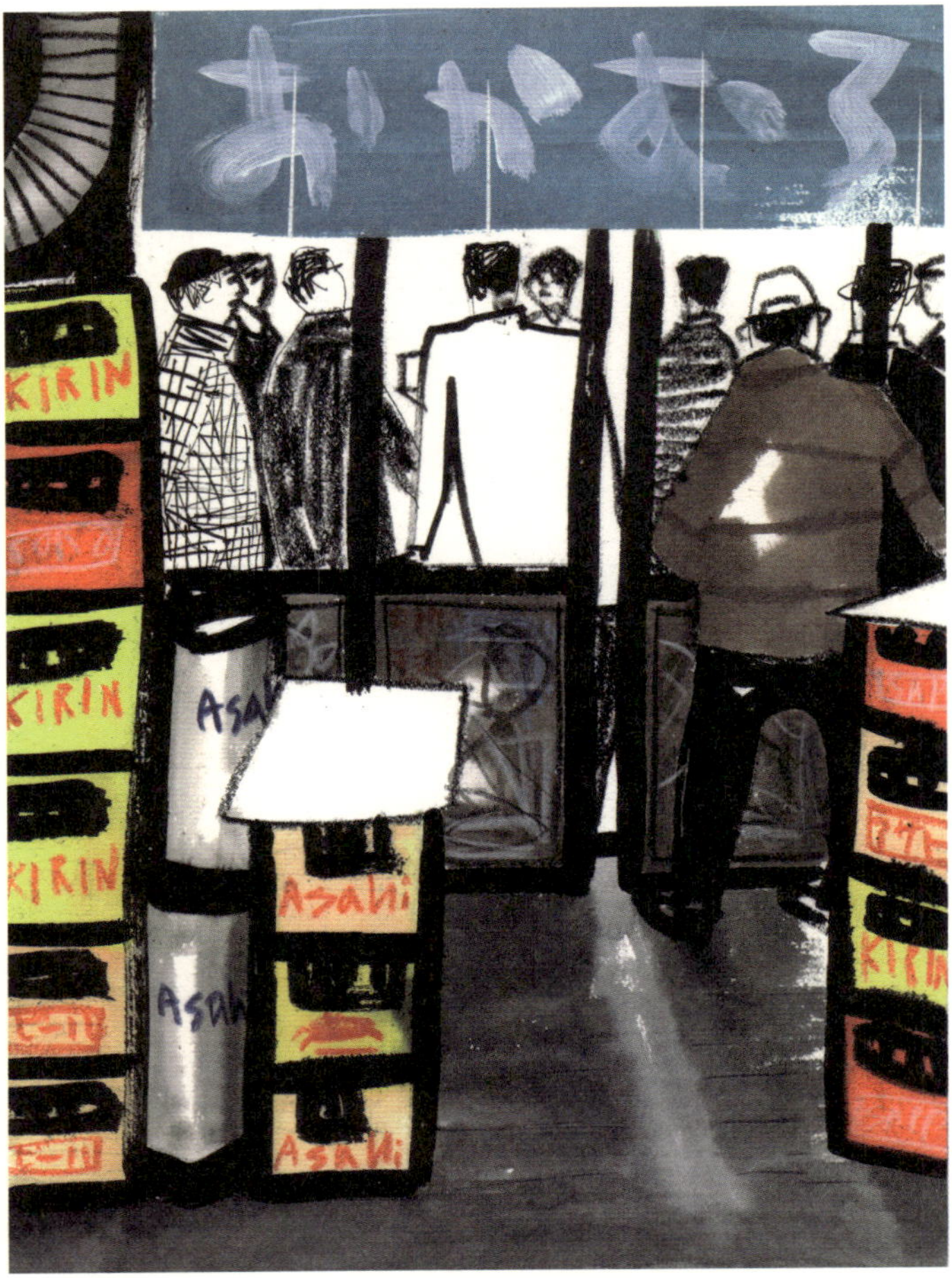

岡室酒店直売所

朝から開いている立ち飲み店。おでん、串もの、鉄板焼きとメニューが豊富だが、くじらさえずりやフグ唐揚げなど、酒飲みを唸らせるアテが光る。

●大阪市都島区東野田3の2の13
☎06-6358-6598
9時〜22時半　水曜休
※2016年3月掲載時

◎ここにしかない、街の味

寄り道するなら「よそとは違う街」。今日もだれかが、新地でごきげんに。

【ルルド】

大阪・北新地

同じ銘柄のウイスキーのようで、
同じウイスキーではない不思議

北新地は「夜の街」だ。

平たく言うと「歓楽街」、もっと言うと「飲み屋街」なのだが、一般人を「いつでもどうぞ、いらっしゃい」というようには寄せつけないイメージがある。

現在の北新地は、南北が堂島川と国道2号線、東西が御堂筋と四つ橋筋に囲まれた場所を指す。東西500メートル×南北350メートルぐらいのエリアに、3千軒とも4千軒ともいわれる店がひしめきあっている。

着物やドレスで着飾った女性と客が闊歩する縦横の通りには、1階のエントランスや壁に大理石が貼られた飲食雑居ビルが並び、その天地いっぱいに店がぎっしり詰まっている。このような街は類を見ない。クラブやラウンジといった「座るだけでいくら」の高級店、それに洋酒やワインのバー、料亭や割烹、レストラン、鮨屋……といった飲食店、もちろん焼肉や焼鳥屋、そば・うどんの店、お好み焼き屋、たこ焼き屋台まである。

考えてみれば、うどんや串カツといった食べものは、大阪のほかの街とで出てくるものとはさして変わらないはずなのに、どこか違う感覚でとらえてしまう。それが「北新地の店」というものだろう。

そしてその「北新地の店」らしい最右翼がクラブやラウンジ、スナック、すなわちホステスさんやママさんがいる店である。

きっちり髪を整えメイクし、着物や肌を出したドレスといった特別の日の衣装を日常の仕事で身に纏う女性に、丁寧に水割りをつくってもらい、かしずかれて飲むお酒の味は、おなじ銘柄のウイスキーなのに違うのかどうか。

家や職場でできない会話と若干の「下心」と。

そのような愚問をたずさえて、客が「オール・サラリーマン」だというママさんの店へ行ってみた。彼女が銀座や北新地で店を開く前からの旧い友人だ。だから単刀直入に「なんで、北新地で飲むのがええんやろ」などと訊ける。

「まっすぐ帰れない人が来る街。小学校のとき、帰りに必ず公園に寄ってキャッチボールとか、遊んで帰る子、いたでしょ」

「なんやそれ」と思うが、皿に盛られたチャーム（これも面白い言い方だ）を指して、「ほら、ラムネとか麦チョコとか、お酒のアテにうれしそうに食べてる」と言われて、ちょっと納得する。

確かにラムネは絶対自分では買えへんなあ。が、そのラムネも駄菓子みたいな直径1センチくらいの丸チョコレートも、ねじられた包み紙の中だ。それを両手を使って左右に引っ張って取り出して食べているオレは、子どもになっているのか。ママさんの解説が続く。

下ネタを言おうが、つまらないギャグをかまそうが許される。むしろ会社でも家でもできない類の話をして、飲んで「がはは」と笑って、酒が回ってさらに盛り上がる。そして「若干の下心に支えられたバーチャル恋愛」。そりゃ同じウイスキーでも、おいしくなるはずだ。

一緒に取材した画家の奈路さんは50歳代に入ったばかりだが、北新地には縁がなかった。会社で働いたことがないからだ、と言う。

「ぼく、通勤電車とか乗ってみたいなあと思うんです。朝何時に行って、給与体系があって、限りなく続くルーティーン・ワーク。そういう会社員の生活をしないと北新地は分からないんじゃないか」などとアーティストっぽい発言だ。

金なんか目じゃない遊びなのか、金がすべてのそれなのか。いやどっちもだ、という厄介な夜の街なのだが、「よそとは違う街で遊んでるんだ」という特別感は、なるほどサラリーマンの日常があってこそのものなのかもしれない。

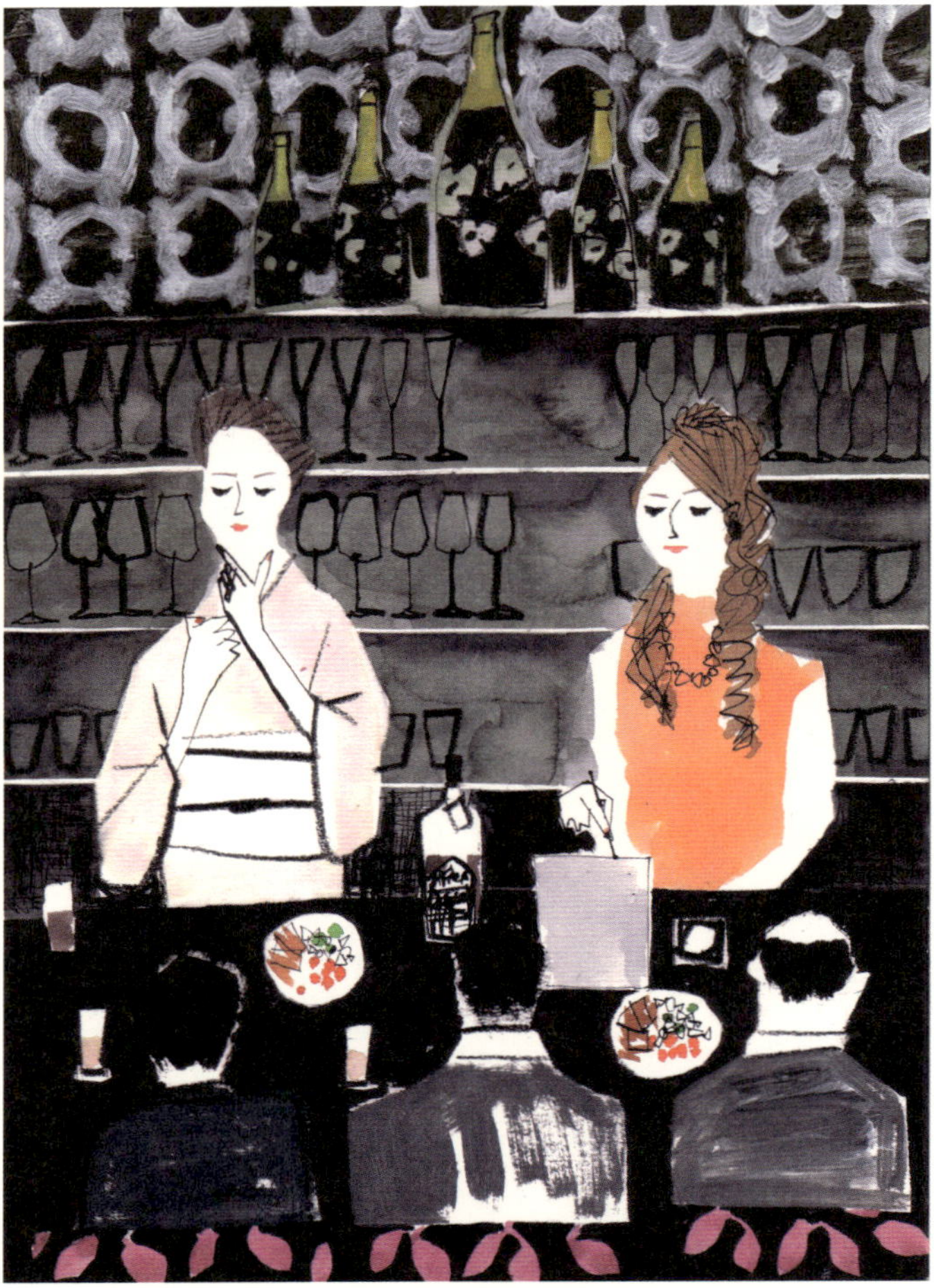

ルルド

銀座にもラウンジ「ルルド」をもつ高千穂桂子さんがママで、東京―大阪を週替わりで行き来している。カウンターが4席、グループ用のボックス席が3つと、北新地のラウンジで典型的な中ぐらいの規模か。基本的に紹介が必要だが、あらかじめ電話をすると受け付けてくれる。セット料金8000円（ボトル別）。

●大阪市北区曽根崎新地1の9の11　エスパス北新地10　地下2階
20時〜1時　土・日・祝休
※2014年5月掲載時。現在は北新地に店はなく、銀座店（東京）のみで営業

◎ここにしかない、街の味

京のうだる夏には床がある。たいそうに考えず、川べりへ行こう。

【先斗町　百練】

京都・先斗町

「居酒屋、食堂」と表記はあれど、この若鮎塩焼き（980円）やハモおとし（880円）など京都ならではの料理がやはり気分だ

観光客で賑わう京都・先斗町。もともとはお茶屋や料理屋が並ぶ花街で、今なお石畳の狭い道を舞妓さんや芸妓さんが行き交う姿を目にする。

その先斗町の東側の並び、ちょうど鴨川に面する飲食店の裏側に「床」が出される季節になった。5月1日から9月30日までに限って出されるこの「鴨川納涼床」は、料理店のいわば期間限定のテラス。鴨川の上に張りだした高床で自然の冷気にあたりながら食べたり飲んだりしてくつろぐ。

すでに上方文化が花開いた元禄年間には、四条河原の納涼床が賑わいを見せていたとのことだ。明治時代の写真には、三条大橋の下に河原から大きな床几を置いて張り出させたような床にあでやかな着物を着飾った女性が座っているものもある。床はうだるように暑い京都の夏を楽しむ風物詩なのだ。

中京区に住む友人が言うには、「貴船へ鮎を堪能しに行こか」という北山の渓流・貴船川のバージョンもあって、こちらは「床」ではなく「川床《かわどこ》」と呼んでいるのだそうだ。そしてこの先斗町を含め二条大橋から五条大橋までの間に約100軒ある鴨川の床は、Tシャツに着替えて街に出るようなお気軽なものらしい。

なるほど鮨、焼肉、洋食、串カツ、仏・伊料理にカウンターのある洋酒バーまである。そういえば三条大橋西詰めのスターバックスも床が出てるな。

それならと天気の良い週末に、季節もののハモのおとしや鮎の塩焼きで冷や酒をやりながら涼もうと、居酒屋「先斗町百練」を訪ねた。三条通から細い通りの先斗町に入る。「鴨川をどり」の題字が掲げられた先斗町歌舞練場の隣という絶好のロケーション。

靴をげた箱に入れて店内に上がる。掘りごたつカウンターのある本来の居酒屋を横切って床に案内される。雨が降ってくると床に陣取っていた客は店に逃げ込むので、常にその客数分の空席をキープしておかないといけない決まりだとのことだ。だから店は空っぽの状態。「京のおもてなし」の一面がわかる。この店の床は、机に座布団ではなくテーブルに椅子というスタイルなので、カフェが鴨川に出張っているような感じがする。床の真下は小さな支流が流れている。いわば天然の水冷エアコン。そりゃ涼しいはずだ。

まずサーバーから注がれる生ビールからいこう。そしてやっぱりあった鮎の塩焼き、それに漬物盛り合わせと冷や酒に進む。これは良い気分で飲める。

この店は床が設置されない歌舞練場のちょうど南隣に位置するので北側、鴨川の上流をさかのぼる風景がパノラミックに見える。鞍馬山はじめ北山が何重にも重なったたそがれの光景は横長の日本画のようだ。そして東側にせり出した比叡山。向こう岸の背後は東山だ。

床で知る「京の空は広い」。

京都市内を市バスに乗っていて賀茂大橋や丸太町橋を渡るときなど、いきなり空が広がって、あっとその光景に気がつくことがあるが、どこまでも広い空と鴨川が織り成す開放感に胸がすく。三方山に囲まれた京都盆地の真ん中を鴨川が貫いている風水的な地勢が手に取るようにわかる。

日が暮れてきて風が強くなってきた。足下に見える鴨川べりに人がどんどん増えてくる。外国人の姿も多い。けれども都会的な雑踏ではない。川の流れには水鳥、その上の空には2匹のトンビが絡みながら飛んでいる。しみじみ京都は美しい街だと思う。

床はBGMやライブやカラオケなど禁止されていて、音が一切ない。また鴨川側にはネオンサインや広告、店名表記の看板すらない。夜になると丸提灯と控え目な照明だけの床に客がくつろぐ姿が浮かび上がる。背景はほとんどが昔ながらの木造2階建て町家。1階部分から鴨川に張り出しているのが床だ。

帰りの京阪三条駅までの道すがら、いままでいた床を川向こうから見る。鴨川沿いを四条大橋までいくつもの床が連なる風景は、中之島や道頓堀など同じ水が流れるリバーサイドの風景とは全然違った、ちまちまとした和のディテールの集積であり、これこそがまことに京都らしい姿だ。

百練先斗町店

四条河原町に近い居酒屋の「百練」が今年に入って先斗町に出した店。豊富なメニューは酒飲み仕様で、食事はハモ鍋やちりとり鍋が2千円前後、つまみは自慢のヌカ漬けの盛り合わせ（680円）が絶品。床は席料なし。

●京都市中京区先斗町通三条下ルエメラルド会館1階
☎075-255-4755
17時〜23時　無休
※2016年6月掲載時

◎「おいしい口」にさせる街と店

生野の鉄工所がつくった、あたらしい大阪名物「ちりとり鍋」。

【まつりや】

大阪・心斎橋

この提灯が、アーケードではない心斎橋の路地に灯る

今回は旧くて新しい、焼肉・ホルモン焼きの話。

炭火がいこったカンテキ（七輪）の焼網の上に肉や内臓をのせ、したたる脂で煙を豪快に上げて食べる、焼肉・ホルモン焼きの嚆矢とされるのは、大阪生野の［とさや］である。数年前に店はなくなったが、昭和19年（１９４４）創業である。

同じ生野で焼肉・ホルモン焼き店の老舗として知られる鶴橋駅前の［鶴一］は昭和23年創業だ。またミナミ千日前の冷麺店として昭和21年に開店した［食道園］は、すぐさま生野スタイルの焼肉を取り入れて大人気を博し、宗右衛門町や北新地、千里中央はじめ多店舗を有する焼肉チェーン店に発展した。

高度経済成長に入る昭和30年代から50年代にかけて、大阪発祥とされるこのスタイルの焼肉は、全国で爆発的に流行る。

しかし大阪には、もうひとつのスタイルがあった。それが「ちりとり鍋」という風変わりな名前で知られる鉄板焼きの焼肉だ。

鉄板焼きといっても、薄い鉄板の四方の縁を折り曲げた約30センチ四方の鍋で、その形がどこかちりとりに似ているからそう呼ばれるようになった。卓上のガスコンロの上にこの鉄板鍋をのせ、肉やホルモン、玉ネギ、ネギをすき焼きの割り下のような甘辛いタレで焼いて食べる。

オリジンは同じ生野区勝山界隈の［万才橋《まんざいばし》］で、閉店した炭火網焼きの元祖［とさや］と同じ並びに店がある。この心斎橋の人気店［まつりや］は、［万才橋］の創始者の次男、中山由夫さん（62歳）の店で、中山さんのオリジナルのちりとり鍋の記憶は次のようだ。

「親父は鉄工所をやっていたんですが、私が小学生のとき、昭和34年（１９５９）頃に近所の溶接工に頼んで鍋をつくってもらったのです。実際に調理してこれはイケると思ったのでしょう、すぐさま空き地にバラックを建て、店を始めたんです」

１人前30円。お好み焼きのような鉄板では、タレや旨みが流れてしまう。かといって普通の鍋ではモツ煮込みのようになってしまう。しかしこのちりととり鍋は、焼くことと煮ることの中間的な調理法ゆえ、肉やホルモンの脂の旨みがタレと溶けあい一層おいしいし、そのエキスで野菜や締めに放り込むうどんやごはんまで楽しめる。

京都・神戸にも広がり、独自の進化を遂げる。

生野の偉大な発明であるちりとり鍋は、カンテキに焼き網の焼肉とは一線を画し、圧倒的な人気を博した。料理に名前はなく、地元の人々は「30円の鉄板焼きを食べに行こや」と言っていたと中山さんは語る。

ちなみに同じ勝山界隈で昭和35年（1960）創業の老舗人気店の「西光園本店」は、看板に「炭火焼肉」と表記されているが、ここでも当初は今の看板通りのカンテキに焼き網のものと、ちりとり鍋の2種の焼肉・ホルモン焼きをやっていたとのことだ。

このちりとり鍋は、今や京都や神戸でも専門店を見かけるが、「ちりとり焼き」「鉄鍋」などと呼んでいる店もある。カンテキに焼き網のスタイルの焼肉・ホルモン焼き店が専門店化され、肉質追求とタレの工夫、無煙ロースターの開発で発展してきたのに対し、ちりとり鍋は冬の鍋料理のようにいろんなアレンジがほどこされ、居酒屋の肉鍋やもつ鍋といったメニューの1バージョンとして変化していったのだろう。具に豚肉や鶏肉を使ったり、ニラやモヤシ、キャベツなどを加えたりする店も多い（オリジナルは玉ネギ、ネギだけ）。

だからこそ12年前、生野から心斎橋にこの「まつりや」が出てくるまで、オリジナルのちりとり鍋はあまり知られなかったのである。

そのうまさが独自の街場の物語とともに口コミ、次いでメディアで取り上げられるや、よその街でも元祖店の料理法、味つけにならった専門店をよく見かけるようになった。旧くて新しい大阪の味だ。

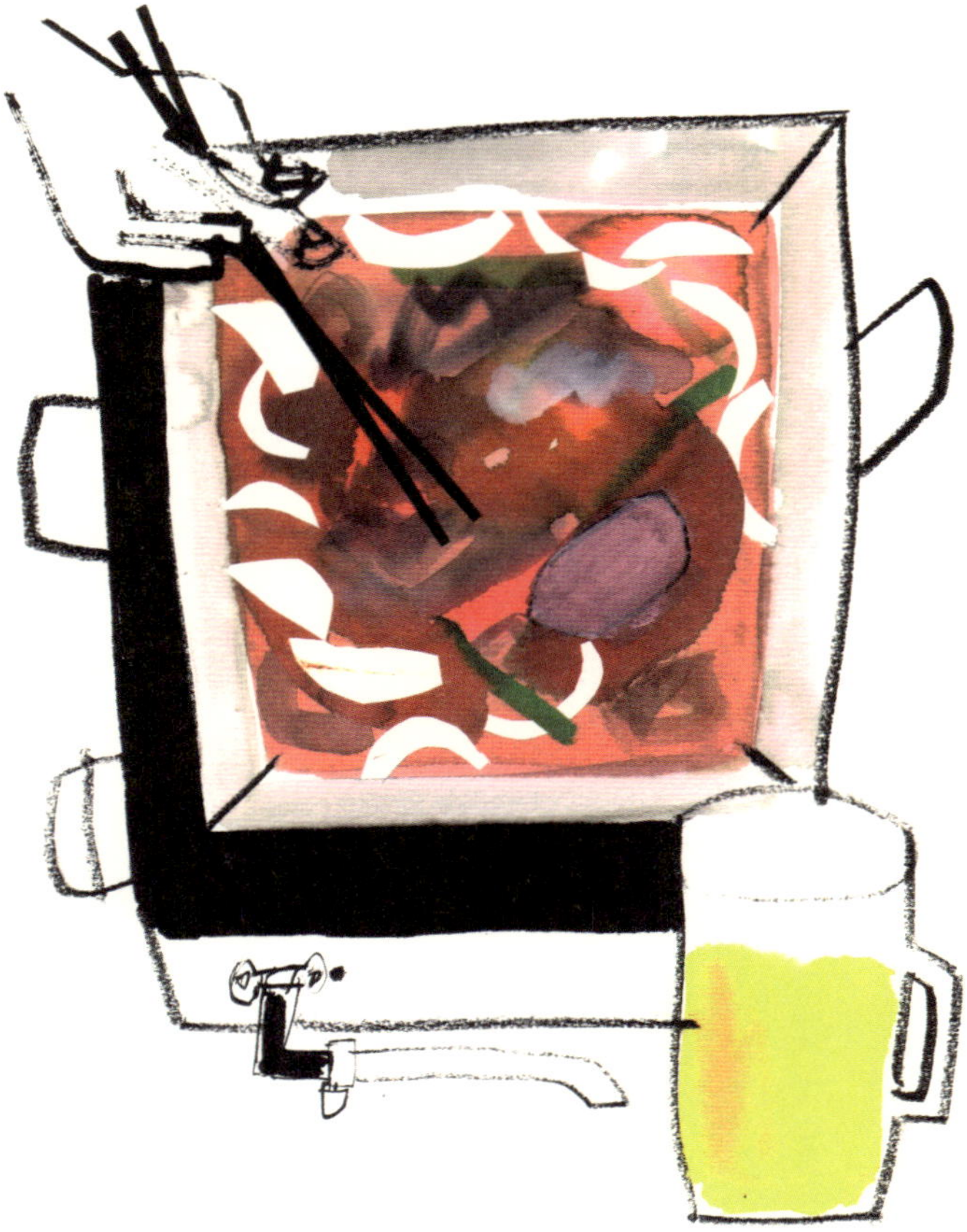

まつりや

2001年に大宝寺町（東心斎橋1丁目）にオープン、この地に場所を移して8年になる。赤身のまつり盛り一人前780円、ホルモンのヘルシー盛り同580円。通はキモ焼きから入って、その後、まつり盛りとヘルシー盛りへ進む。「まつりや」の名前は、祭のようにいつもにぎわう店にしたいからとのこと。

●大阪市中央区心斎橋筋1の3の12　田毎プラザビル1階
☎06-6251-3588
18～24時（日曜16時～23時）無休
※2013年7月掲載時

◎「おいしい口」にさせる街と店

「すき間」の場所で食べる串カツはどうしてこんなにうまいのか。

【七福神】

大阪・梅田ぶらり横丁

※現在は移転

例の「二度づけお断り」のソースのバット。ちょうど串の長さ（12センチ）と同じくらい。合理的だ

大阪人はカウンター・スタイルの店がことのほか好きだ。
高級料理店でありながら座敷ではなく、板前がカウンター越しに客の前で庖丁捌きを見せる割烹は大阪発祥だし、仏伊料理も大阪ではオープンキッチンでカウンターがある店が主流だ。注文を聞いて客の前で揚げる串カツ屋も、おばちゃんがテコをカチャカチャいわせて調理するお好み焼き屋も、カウンター・スタイルの店だ。

阪神梅田駅西改札口の裏側、地下鉄梅田駅・西梅田駅やJR大阪駅へ向かう地下通路から少し入ったところにある「ぶらり横丁」。立ち食いうどんや、どて焼きやおでんを出すカウンターの居酒屋や串カツ屋など約10軒の飲食店が、人がすれ違うのがやっとという通路の両側に密集する「横丁」だ。

どの店もカウンターの内側に料理人＋1名といった小店で、隣り合う店と店の仕切りはベニヤ板1枚といった「横丁の屋台街」みたいな感じである。

このところJR大阪駅や梅田阪急周辺のリニューアルやグランフロント大阪のオープンと、大規模商業施設ラッシュのキタにあって、昭和な猥雑さに溢れた奇跡的な飲食店街だ。その年季を感じさせる手触りが逆に人気なのだろう。

この「ぶらり横丁」の端っこにある、面積3坪もない串カツ屋が［七福神］だ。座るとお尻がはみ出る小さなスツールが8席。夕方から10時過ぎぐらいまでは常に満席状態で、それでも客は1日に50人程度だそうだ。オープンしてまだ6年だが、「ぶらり横丁のうまい串カツ屋」としてグルメたちに知られている店である。

駅前駅裏の飲食街やガード下は、帰宅時などに「ちょっと寄って行こか」的な店が多く、ともすれば横丁の独特な熱気ある雰囲気や出入りする人の勢いで飲み食いさせるパターンが多い。この店もその例にもれず、夏には空調が効かないので通路から工場用の大型扇風機で風を送るような環境だが、女性客が3割というところにこの店の味の実力が示されているようだ。

揚がるプロセスを目の当たりにしつつ……。

薄くて軽く絶妙な噛み応えの串カツは、注文が通ってから客の目の前で揚げられる。衣は粘りあるメレンゲ状のもので、大型のプラスチック製密閉容器の中でちょいちょいと1串ずつ手際よく付けられ、フライヤーにぽいぽいと放り込まれる。油はラードで、しっかり175度の高温をキープ。揚がるやいなやカウンターの小さなバットの上に「牛カツ、キス、タコ、玉ネギです。串、熱いので気をつけてください」と並べられる。

けれどもその前にビールを頼み、揚がるまで先に用意されたキャベツを、赤ワインをブレンドした特製のソースにつけて食べ、とりあえずビールをひと口。その上で調理の一部始終を見た客は、すでに「おいしい口」になっているのだ。

店主もスタッフも店名ロゴ入りTシャツのカジュアルな姿だが、ファストフードやチェーン店の居酒屋的外食産業のテナントでは、けっして見られない完璧な職人の技である。

「ぶらり横丁」は、地下道を所有する大阪市が占用許可を与えていた市の元外郭団体の財団法人の許可を打ち切る方針を発表、早ければ2014年度に立ち退きが決定する。背景には闇市や浮浪者問題など終戦直後の混乱期以来の歴史的ないきさつがあり、許可が適切でないという判断がされた。けれども、地下街横丁の串カツ屋という絶妙な大阪感覚の「ぶらり横丁」が消滅するというのはもったいない話だ。

こういう大ターミナルの「すき間」のような都市空間は、商業プランナーや店舗設計デザイナーがけっしてつくることのできないものであるのは、経験的に知っている。串カツ名人の店主は「ちゃんと説明は受けてないが、そうなったら東京へ行こかな。オリンピックもあることやし」と不敵に笑う。

七福神

「あそこは油がええ。ソースもうまいしちゃんと肉の味がする（笑）」と大阪的に的確な言い方で常連がほめる串カツ。牛や豚ヘレ、キス、青唐、玉ネギなど100円、海老やマグロ、貝柱など上ネタが150円（以上税別）。東京から出張のたび訪れる客も多い。

●大阪市北区梅田3丁目大阪駅前地下街7号ぶらり横丁
11時半～24時（日・祝～23時）無休
※2013年9月掲載時。現在は大阪駅前第4ビルに移転
☎080-1410-4177

◎「おいしい口」にさせる街と店

4軒(で1店)の見事な連携プレーは「ええ肉をお客さんに1秒でも早く」。

【空 鶴橋本店】

大阪・鶴橋

食器はすべてステンレス。ハードコアな雰囲気にふさわしい

食いしん坊の大阪人同士の会話で、「鶴橋へ行ってきた」と言えば、即座に「焼肉、食べに行ったんか」などと返ってきて、会話が盛り上がる。

焼肉あるいはホルモン焼きの街「鶴橋」はもはや全国区だが、場所を正確に記すと、近鉄とJR環状線が交差する鶴橋駅の北西ブロックで、千日前通と玉造筋に囲まれたエリアだ。ガード下を含め、ほんの100メートル四方に20〜30軒の焼肉店がひしめき合っているのだ。

その鶴橋でいつも早い時間から客が並ぶ人気店の[空]は、細い路地を挟んで4軒ある。どの店も飾らない小規模なもので、カウンターとテーブルの店が2軒ずつ、セットで並んでいるのもユニークだ。さて本店はどこなんだろう。帰ってホームページをのぞくと、合わせて「鶴橋本店」だと発見した。4軒で一つの店なのである。

わたしはこの店を以前、何回か取材をしていて、いろんな雑誌に書いている。それらの記事を再読してみると、まず昭和56年(1981)に角地に店がオープン。3〜5坪の小店だった。それから7年ぐらい後に向かいに1軒。これもカウンターの店だ。その後カウンターのみの店舗形態を補うように、テーブル席と座敷がある店ができた。表に透明のビニール・シートをかけただけの仮設店舗のようなスタイルだったり、その後ちょこまかと改装したりしていた。思い出したように食べに行くと「あれ、もう1軒増えたのかな」といったように、いつも現在進行形なのだった。

焼肉世界一!
ゴールデンスクエアの熱気。

4軒合わせてキャパは140人。角地のカウンター店に入ると、どのコンロもしたたる脂で豪快に火を噴いている。路地に面したガラスドアの上には3連装の換気扇がブィーンと回っているが、「よければ袋、使って下さい」と声がかかる。スツールの上に特大の白いビニール袋が置かれていて、それに上衣やバッグを入れて煙から守るのだ。黒毛和牛だとかのブランド表記的なグルメの世界と対極にある鶴橋本来の焼肉だ。

といっても肉は良いし、ホルモンも実に新鮮でうまい。何よりもきびきびと仕事をするスタッフが気持ちいい。マニュアルがかったやたら声が大きく元気なだけのチェーン系の居酒屋の、あの元気さではない。肉やホルモンを快速に食べさせる鶴橋の焼肉店の伝統というべき活気なのである。違う町に支店やチェーン店を増やすことなく、同じローカルな場所で店舗が増殖していくような店自体の勢いも、鶴橋流の底力である。

戦後すぐの昭和23年（１９４８）に創業し、日本の焼肉・ホルモン焼き発祥店の一つとして広く知られる「鶴一」も、この鶴橋駅北西エリア内で支店を増やしてきた。地元・鶴橋で商売をすることを優先するのは、当たり前といえるのかもしれない。

隣と向かいにある4軒の店の連携はすごい。わたしがよく行くのは、この北東角地のL字型カウンターに7～8人が腰掛ける店だが、女性混じりの3人といった微妙な人数の時は、「こちらへどうぞ」と斜め前に建つテーブル席の店へと案内される。

それだけではない。「熱燗」を注文すると、向かいの店から燗をした酒が運ばれてくる。下はコップを敷く皿（なみなみと注がれた酒がこぼれている）、上には同じステンレス製の皿を蓋にして（冷めないようにしている）。

ほんの7～8人のキャパだが、客も従業員も、入りやすく出やすいように、ドアは何カ所も開く。肉やホルモンをステンレスのボウルで手早く揉みダレに絡ませるシーンや、客とのやり取りの元気な大阪弁などなどが重なりあって、まるで映画の1シーンみたいだ。

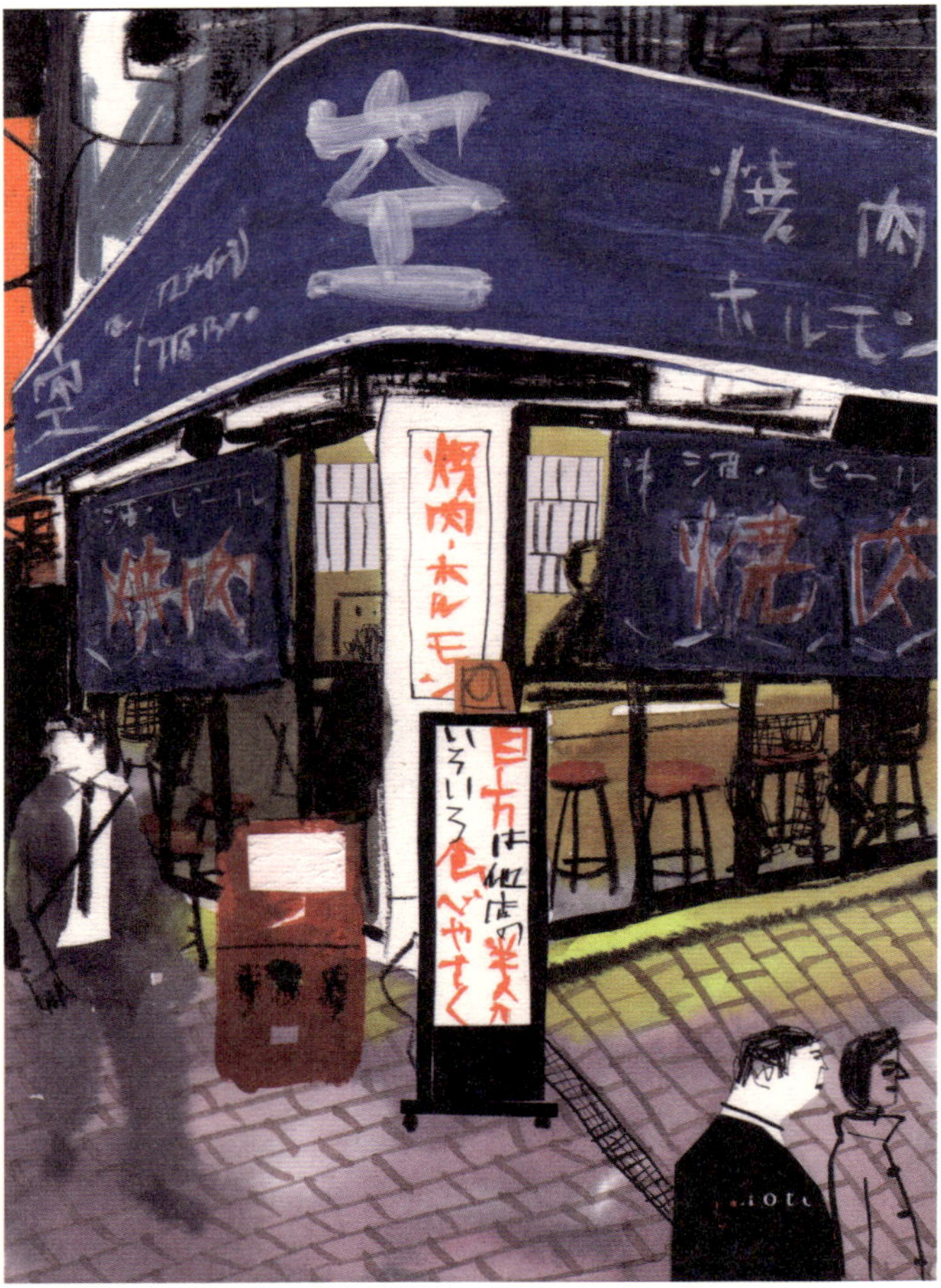

空 鶴橋本店

「目方も値段も他店の半分！　いろいろ食べやすく！」の看板通り、定番のハラミやバラ（各600円）、テッチャンや上ミノから、ウルッテ、ヨントン、うちわといった部位まであって、それがバンバン注文される。客が「ハギシて何？」と気軽に訊いて、それにしっかり答えて説明してくれる雰囲気が何よりだ。「上」が付くメニュー（量が2倍）を注文しなかったら、食べて飲んで3千円ぐらい。

●大阪市天王寺区下味原町1の10
☎06-6773-1300
17時～24時（土・日・祝16時～）火曜休（祝日の場合は翌水曜休）
※2014年2月掲載時

◎「おいしい口」にさせる街と店

いい酒場は人の味覚まで変える。
そんな店に、人を連れて行きたくなる。

【堂島サンボア洋酒店】

大阪・北新地

店のコースターやマッチ箱に「Established1918」とある通り、大正7年創業の神戸・花隈の［サンボア］がルーツ。あと2年で100年

味覚というものは変わるのではないか。

長年「堂島サンボア」でお酒を飲んでいると、そういうことを考えたりする。この店は止まり木カウンターの立ち飲みのバーだ。L字の角を丸くしたカウンターは立派で、洋酒をスタンディングで飲む際のひじや手をつく高さや角度、手元と足元の真鍮のバーの位置や感触まで心地よくて美しい。

大阪で立ち飲みといえば、伝統的に街角の酒屋の専売特許的なスタイルの店があり、昨今はワイン主体のスペイン・バルなどが人気で、店のスタッフも客も若い人や女性でにぎわう立ち飲み店をあちこちで見かけるようになった。いずれも気軽に入って安く飲んで立ち去れる大衆的なところが魅力である。

しかし「堂島サンボア」は少し違っている。ビカビカに磨かれた四角い真鍮板が張られたドアを押して店に入るや、他所の立ち飲みはおろか、この手のバーともまったく違う空気に包まれる。

ここの酒はビールにしても角のハイボールにしても、とてもおいしい。勝手な思い込みなどではない。その日一杯目に客を連れて行っても「おっ、おいしいなあ」だし、北新地ハシゴの途中、ほろ酔い状態で案内しても「うーん、うまい」と口を揃える。誰を連れて行ってもはずれることはない。

じゃあ、よそのバーと何が違うの、と聞かれると、はたと困る。もちろんグラスやバーテンダーのつぎ方や技というのもある。が、ビールはキリン・ラガーの小瓶で、ハイボールを注文して瓶から注がれるウイスキーも普通の角だし……。同じ酒屋の立ち飲みのビールでもコンビニのウイスキーでも、中身は同じはずだ。けれども家で飲むビールと街場のバーで飲むビールはなぜ違うのか。

人の味覚が変わるからだ。聴覚や視覚に比べて、味覚は変わりやすい。同じ串カツでも目の前で衣をつけられて揚げられる串カツは、奥の厨房でつくられた居酒屋のそれよりきっとおいしいし、お好み焼きだって焼き上がってソースが塗られる前からすでにそのおいしさは確信されている。

とくに食べものの場合、素材や調理法によって同じ料理でもまるで違うという前提をさし置いても、そういうふうに何もかも見せられると、食する前から勝負が決まっているような気がする。

バーで注文して出てくる酒は、ラベル通りのどこでも同一のものだ。キリン・ラガーやアサヒ・スーパドライなどの銘柄は記号であり、味の違いは情報化され固定化されたものに違いない。それ以上でも以下でもない。それでも同じビールで味が違うのはなぜだろう。

人は変わる。今のわたしと10年前のわたしは違うし、去年の春のわたしも違うように、昨日やさっきまでのわたしは違う。だから同じ銘柄の同じ中身のビールだって、よりうまくなる。キャンプに行って滝で冷やす缶ビールとコンビニのそれは同じ温度なのに、味が違う。

酒を飲むまでの何かがうまくさせるのだろう。その何かというのはさまざまだが、魔法のように人の味覚を変容させてしまう何かが「酒場」というものだろう。

「ずっと変わらない」を継続させる力。

老舗のバーとして有名な「サンボア」の店名を持つバーは、大阪のキタ・ミナミに8店、京都に3店ある。その系列店の筆頭的存在が「堂島サンボア」で、昭和9年（１９３４）、中之島に開店している。昭和22年にここに移転したというから、この店もそろそろ70年になる。内外装は昭和30年に改装して以来、ほとんどそのままだという。

ずっと仕事場が近いこともあり、実際にこの店に30年以上は来ているが、ほんとうにまったく変わらない。酒の銘柄もグラスも氷もコースターもそのままだし、カウンターに立つと、同じようにおしぼりとピーナツが出てくる。

店は変わらない。変わるのはわたし、つまり人間の方なのだ。

堂島サンボア洋酒店

昼ごはん後に前を通ることがあると、いつも3代目の店主・鍵澤秀都さんがカウンターや床を拭き、金属部分を磨いているシーンを目にする。「バーの仕事は掃除が半分」というのがうなずける。ポテトサラダ（400円）やサンボア風フォアグラ（700円）など、ツマミもとてもうまい。

●大阪市北区堂島1の5の40
☎06-6341-5368
17時～23時半（土曜は16時～22時）、日・祝休
※2015年1月掲載時

◎「おいしい口」にさせる街と店

学生時代によく食べたお好み焼きを今も「うまい」と思えるしあわせ。

【てらまえ】

東大阪・近大前

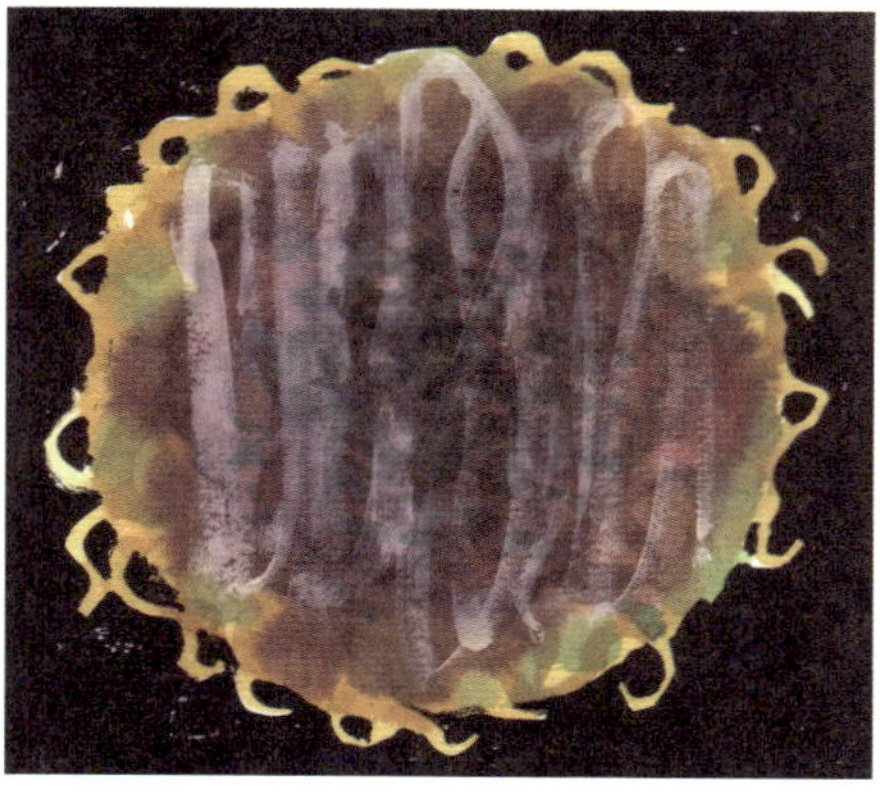

モダン焼きのバリエーションが多彩なのが持ち味だ。入門はモダンミックス（925円）からが妥当

近鉄大阪線長瀬駅には「近畿大学前」という副駅名が付いている。近畿大はこのところ「近大マグロ」や志願者数日本一というニュースで活気に沸く大学だ。長瀬駅を降りるとすぐに、学帽に学ランのキャラクターが描かれた「まなびや通り」というレトロなアーチが目に入る。

「中学3年の時に、近大附属高校の水泳部の練習の見学に来て、帰りがけ、先輩に近くの商店街のお好み焼き屋に連れて行ってもらいました。こんなうまいお好み焼きがあるんか、思いました」。30年以上も前のことを懐かしく語るのは、１９８８年ソウルオリンピックの水泳代表選手で、現在は近畿大総合社会学部事務部長で水上競技部副部長の田中穂徳さん。

近大前商店街のお好み焼き店「てらまえ」のモダン焼きのことだ。それ以来、田中さんがずっと食べ続けているモダンミックスは、豚、イカ、エビ入りで、焼き上がりに半熟状態の卵がのって出てくる。目の前にすると唖然となるような大きさ、ぶ厚さだ。けれどもキャベツが多く、粉の生地はつなぐ程度の少なさで、そばを生のままのせるスタイルなので軽くぺろりと食べられる。ソースも絶妙で、これは間違いなく絶品だ。

その頃50メートルバタフライの日本中学新記録保持者だった田中さんは、「ここのモダン焼きのうまさで近大附属に進学しました。それで近大へ進み、オリンピックに出られたんだから、あの時の選択は間違ってなかったんですわ」と豪快に笑う。「ここのお好み焼きにたどり着いてなかったら、当然、近大水上競技部の監督もやってなかった。山本貴司や寺川綾、入江陵介なんかも、うちから出てなかったかもしれんなぁと……そう考えるとどえらい影響力やったんちゃうか」と加える。

確かにそうかも知れない、学生街ならではの話だ。いいな、と思うのは、附属高生時代からこの店に通い、店とともに少年が大学生になり、水泳選手として世界で活躍し、現役引退をして監督に就任し……という日々をこの学生街で過ごしてきたことだ。

「てらまえ」は70人の大キャパシティ。6人用の掘りごたつが4台ある2階は、鉄板焼きやお好み焼き宴会も可能という大盛況店だ。東大阪商工会議所主催の「東大阪お好み焼きグランプリ」の金賞を2年連続受賞した極め付きもある。

客層は、近大および附属高校生と地元の人が半々。大食いの現役アスリートも来るし、毎週昼、決まったように同じ豚玉と豚モダン焼きを食べに来る80代のお年寄り夫妻もいる。アルバイトでテキパキ働く若者が、近大経営学部生というのも、それらしい。

家業と「時代に合った店」のグッドバランス。

この店の歴史もユニーク極まりない。現在の店主・鈴木博和さんのお母さんが、大阪市生野区の巽《たつみ》でやっていたお好み焼き店を78年にここに移した。まだ小学生の頃で「より良い学習環境ということで、引っ越してきたのがたまたま近大前ですわ」と笑う。

その生野流のお好み焼きは、1階が店で、2階が住まいという「家店」で焼かれていた。田中さんは「店がいっぱいの時、2階に上がって待ってました」という人気ぶりだった。2階には将棋や野球盤、少年サンデーやマガジンなどマンガ誌も揃っていた。

その店を2012年に隣の敷地をも取り入れて建て替えたのが現在の店だ。カフェ・レストランの外観に、窓を広く取ったおしゃれな内装。天井も高くてワインが似合いそうな空間だが、お好み焼きのレシピや焼き方はずっとそのままだ。

鈴木さんのほか、お好み焼き職人2人が店の奥の鉄板で焼いている。見事な手つきで焼き上げるまでの一部始終が客席から見える。出来上がったら、あらかじめ火が付けられている客席の鉄板に、ちりとり状の道具にのせて素早く運んでサーブする。

創業者の和子さんは76歳で今も現役で「お好み焼きは日常食やから、店が大きくきれいになっても高く取ったらアカン」と言い続けている。「そら当然、昔よりは高いですが」と鈴木さんは言うが、お好み焼きメニューは400円（税込）からある。外食産業やチェーン店では絶対出せない、人情の味がする。

てらまえ

「お好み焼きはキャベツだ」とばかり、その時の水分や甘みにあわせて生地などを微調整する。ソースは大阪の地ソース「ヘルメスソース」を使用。店頭でも販売している。とんNo.1である平焼きをのせた「道とん堀」や、ホルモン入りうどんモダン焼きの「ホルドン」など、強力なメニューもぜひ。

●東大阪市小若江4の12の24
☎06-6725-3271
11時〜15時、17時〜23時（土・日〜22時）、月曜休（祝日の場合は翌日休）
※2016年2月掲載時

◎「おいしい口」にさせる街と店

地元コリアンとうまいもん好きが知る焼肉・ホルモン、済州島の家庭料理。

【西光園本店】

大阪・桃谷

キムチのチゲ（スープ）と豚キムチのポッカ（炒めもの）のおいしいとこ取りをしたような、まさに「つゆだくの豚キムチ」

大阪の街を食べ飲み歩きするとわかるのだが、おいしい飲食店が並び、人が集まるところには、おおよそ3つの背景があるようだ。

一つ目は元々、花街や歓楽街だったところ。ミナミの道頓堀周辺やキタなら北新地。二つ目は、駅前の路地を入ったところやガード下など。JR環状線の駅で降りると、ガード下の飲食店の賑わいを目にすることが多い。三つ目はミナミの鰻谷や、船場の淀屋橋から肥後橋にかけてのエリアなど、80年代のグルメブーム以降、メディアに「お洒落な街」「新しい街」として登場した類のエリアだ。仏・伊料理店など新しい店が多い。

加えて大都市の大阪には、そのどれにもあてはまらない「おいしい街」がある。典型的なのが生野区の桃谷・勝山あたりだ。生野区は戦前から在日コリアンの定住者が多いエリアで、区の外国人登録人口を見ても、区民の5人に1人が在日コリアンだ。とりわけ桃谷・勝山界隈は在日の人々の集住地である。もちろん、このあたりの人気店は焼肉・ホルモン焼きを出す店であり、暖簾や看板には「炭火焼きホルモン」「カルビ」といった表記だけではなく、「韓国料理店」「コリアン・バル」「韓国風居酒屋」「冷麺」などが目につく。店の肩書や店舗カテゴリーは違えども、うまい焼肉がどの店でも食べられる。

また、韓国系飲食店でにぎわう鶴橋駅周辺や、コリアンタウンとして整備された御幸通商店街とは違う。商工住の混在地帯で、ときおり飲食店のメニューなどのハングルが目に付くだけで、大阪市内のどこにでもある、ありふれた下町の普通の風景だ。

市立鶴橋中学校近くにある「西光園《さいこうえん》本店」は1960年創業。このあたりの焼肉・ホルモン焼き店としては最も古株となっている。この店もそうだが、この界隈の飲食店は、グルメ情報を聞きつけたよそからの客以外、ほとんどが地元客だ。言うなればコミュニティのための「うまいもん屋」である。

ご主人は韓富江さん。創業者夫婦の娘さんだ。90年に改装して、済州島の石像シンボル・トルハルバンが立っている外観は、石造りの壁に丸い本瓦。店内も背板が高いモダンなデザインのイスに、排気用ダクトも洒落たデザインで色もカラフルに塗られている。ひときわ目を引くコリアン・モダンな焼肉レストランだ。グルメ誌にもしばしば紹介されている。が、肉やホルモンは昔ながらの味付けで、カンテキ（七輪）の炭焼きだ。でないと地元客の不評を買うとのことだ。そもそもが「70年の万博頃からバブル期までは、近くのヘップサンダル工場の社長が、月末に従業員と来て、焼肉を食べながら、その前で給料を渡してましたね」という店なのだ。

うまいもん屋は地元の「なごみ場」でもある。

一度この店でタン塩、カルビ、ホルモン…といつものお気に入りのコースで食べようとしていると、隣のテーブルでわいわいと旺盛に食べ飲みしている40代と思しき男性ばかりのグループがいた。富江さんが前を通るたび、親しく話をしている。聞けば弟の哲秀さんと旧友たちだった。今はよそに住んでいるが、みんなこの町で生まれて育っている。

どっさりの焼肉、ホルモンの隣には、赤いスープに豚肉やキムチを具にした料理が底の深い大きな皿に盛られていた。白ごはんと一緒に食べていて、見るからにうまそうだ。聞いてみると「つゆだくのキムチポッカですわ」とにっこり。名前を聞いてどんなのだろうと思いメニューを見たのだが、これがない。客が親戚筋や友人だったりするときに、富江さんがつくる裏メニューなのだ。

哲秀さんによると済州島出身の人々の家庭料理で、「お母さんの味を見事に姉が受け継いでいる」と太鼓判を押す。そこまで聞くと食べたくなる。というより先に、富江さんが奥から「よかったら食べて」と持ってきてくれた。

これはうまい。ころっとした豚が皮付きで入っている。辛さは色ほどでなく、コリアン料理というより、ダシのうまさが引き立つ大阪的な味に感じられた。白ごはんをもらって、がっつくように食べた。

西光園本店

メニューに「おすすめ」印がついてるアイテムは、焼肉・ホルモンはカイノミ（１３００円）、てっちゃん（６００円）、そしてスープ類はユッケジャンスープ（９００円）、シレギスープ（７００円）。地元仕様のうまい店だというのがわかる。本文のキムチポッカは予約時にお願いするとつくってくれる。

●大阪市生野区桃谷４の19の13
☎０６‐６７１６‐７２９５
11時半～14時、17時～23時
月曜休
※２０１５年12月掲載時

◎「おいしい口」にさせる街と店

旅気分をそそる上町台地の端で押し寿司の名作にマイッた。

【文の里松寿し】

大阪・文の里

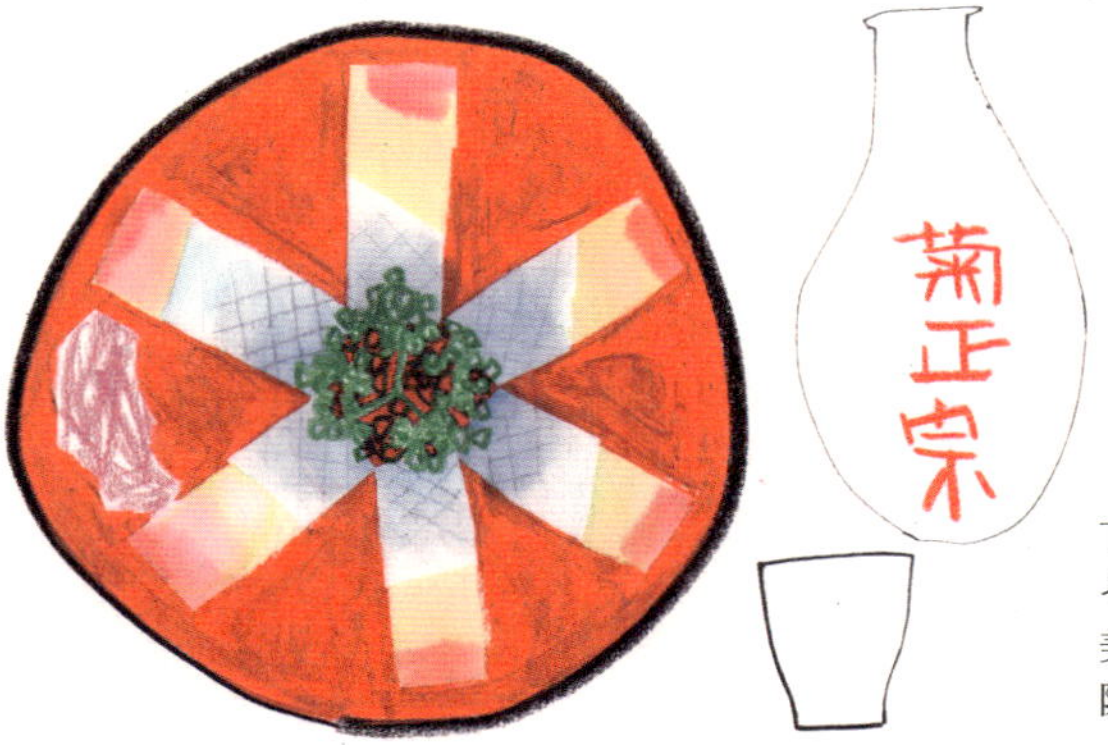

丁寧に仕込まれた魚介、それに合わせた酢飯。美しさも申し分なしの大阪流押し寿司

「ちょっと食事でも」などと、誰かの地元で飲食店に案内される時、その店が旧い店である場合が多い。よそから来た人を、どこの街にも同じようにあるファミレスやチェーン店の居酒屋には、わざわざ連れて行こうとはしない。

その街の性格や成り立ちを凝縮したような店がどの街にもあって、連れてもらったその店を通じて土地柄を感じとったりするのは、街歩き以上の楽しさがある。案内人がその店のなじみだとなお良しで、お店のご主人やおかみさんとの会話から知れる街のあれやこれは、タウン誌を読んだりネットを検索するよりもリアルで愉快だ。

大阪・阿倍野にあるこの「文の里松寿し」は、この連載でイラストを描いている奈路道程さんの行きつけだ。店は昭和14年（1939）創業と古く、戦火をかろうじて逃れた店構えは、ほとんど当時のままをとどめている。

角地の2階建ての和店舗建築。何とも戦前戦後的な書体で「お酒、ビール、おすし」とある行燈看板は、順に赤、青、黒のプラスチック板を切り絵細工したもの。瓦ひさしの上をよく見ると、電話番号は1字ごとの立体の金文字表記で「(77)一七五二番」とある。おもわず「シブいなあ」となってしまう。

この店のことを今そう書いてしまったのは、実は順序が逆で、看板通りに「おすし」をあれこれ食べて、「ビール」も「お酒」も飲んで、帰り際にご主人とおかみさんに外まで送られた際に、「これ、すごいですね」と発見したディテールだ。もちろんご夫婦の解説付き。「ここは上町台地の端（はた）ですねん。80年までそこが南海平野線の文ノ里駅で、地下鉄（御堂筋線）の昭和町に乗り換えるお客さんがそらもう、ひっきりなしに店の前、わぁーて歩いてましたわ」などと、歯切れが良い大阪弁が心地よい。

順序を戻すと、寿司はバッテラ、穴子、小鯛、海老の昔ながらの大阪らしい押ずしを1本ずつ。3人であれこれ思うまま、順番もでたらめにつまむ。うまい。どれも皆うまい。

「アナゴ最高ですね。真ん中の椎茸もうまいっすね」

「朝10時から開けてますよって、早よから椎茸炊いてますねん。ザラメの砂糖使て、こまかに切って。ちらしや桶ずしのでんぶも皆、ずっと手づくりですわ。アナゴは堺は出島の専門卸から。昔からですわ」

なるほど、そらうまいわ。ビールから酒に変わる。次、何にしよかとメニューを見る。

街の歴史や匂いと、一緒に食べる。

「桶ずし、て何ですのん?」

「ここの創始者が考えたんです。ちょうど丸い器にきっちり入る押し寿司です。これが型です」と半円形にくり抜かれた型を見せてくれる。

[松寿し]の本店は天下茶屋で、今はもうないが創業は100年以上前だ。その店から家族や修業を積んだ寿司職人たちに暖簾分けして、大阪市南部や周辺の街場に[松寿し]を増殖させていった。

ここ[文の里松寿し]は押ずし、桶ずし、ちらし、巻き、いなりが主要な陣容で、出前や持ち帰りがすこぶる多い。昭和モダンなデザインの3色刷包装紙。それを留める丸シールには「大阪あべの地下鉄文の里駅東、松寿しの桶寿しちらし」とある。平野線が廃止され、入れ替わるように地下鉄谷町線の文の里駅が出来た際に、新しくデザインした。もう36年前の話だ。旧いものが生き生きしているのだ。

「昔は日曜祝日なんか、出前が200件以上あって、昼休みもなし。夜なべして仕込んでましたわ。13人の従業員のうち5人が配達で、わたしも高下駄履いて自転車に乗って、寿司桶何枚も重ねて、ミナミにも出前行きましたわ」とご主人。

地元の人の地元の話を聞きながら、うまいものをいただくのは近くてもちょっとした旅行気分になる。あらかじめミシュランガイドで星を調べて、東京の店でフランス料理を食べるのとは全然違う類のおいしさがある。その街の何ものでもない歴史や匂いや体温といったものを料理や酒に載せてさらにうまく食べるのと、単に記号や皿の上のものをグルメ的に消費することの違いだ。

文の里松寿し

酢の物とお造り以外は「寿司オンリー」。穴子、小鯛、海老の押し寿司各６００円。巻き寿司といなりのセット「助六」もありで、こちらも６００円。いなりは俵形ではなく三角。これも大阪の伝統だ。カウンターと小上がりの座敷席あり。ご主人は昭和47年（１９７２）にこの店に「丁稚で」入り、平成9年（１９９７）に2代目店主を継いだ

●大阪市阿倍野区文の里４の１の５
☎０６-６６２１-１７５２
10時〜20時　火曜休
※２０１５年10月掲載時

◎「おいしい口」にさせる街と店

アマの駅前、高架下が誇るザ・スタンダード「てっちゃん鍋」。

【やすもり尼崎本店】

尼崎・阪神尼崎

初めて来た人から歓声が上がる、てっちゃん鍋の姿

阪神尼崎の北西側は沿線最強の駅前だ。線路と並行するように西へ、出屋敷まで続く尼崎中央商店街は、飲食店の割合が多い。商店街本来の古い喫茶店や洋食店、うどん屋……。それにチェーン店系のファストフードの新しい店が混じって元気だ。平日の夕方など、中学生から年寄り夫婦までが歩き、いい雰囲気を醸し出している。

その中央商店街のすぐ北と南のタテヨコの路地には、商店街の飲食店より少々「濃い」店、すなわち居酒屋、焼鳥や焼肉など「赤提灯」の店、スナックやバーといった酒場がぎっしり詰まった雑居ビルが並ぶ。創業大正元年と店名に添え書きしている中華そば店がある。鮨屋は古くからやってそうな佇まいだし、「スタンド」と看板表記された旧型の小さな酒場も見かける。ここは「繁華街」というより「飲み屋街」という言い方がしっくりきそうだ。

そしてこのエリアの飲食店で、わたしが一番、阪神尼崎「らしい店」だと思っているのが、阪神電車ガード下の「やすもり」だ。ちょうど高架下を道路がくぐる角地にある「てっちゃん鍋」で有名な店だ。

ちなみに生まれも育ちも尼崎の編集者の後輩は、『『やすもり』のてっちゃん鍋、『ぼて』のてっちりと『かき金』の牡蠣料理は、アマの冬の御三家ですわ」と言う。3店とも以前行ったことがあって知っているが、なるほど阪神尼崎らしさを言い当てていると思う。

全部「理にかなった」鍋と材料、調理法。

「やすもり」は、何から何まで独特だ。客は厨房を四方を囲むカウンターに座る。キャパは20人ぐらいだろうか、入るやいなや目に入ってくるのが、ガスコンロに据えられた鈍く光る鉄鍋。直径約50センチの大きな両手つきの大きな中華鍋をぐんと浅くしたような形で、これはよそでは見たことがない、貫禄がある姿形だ。「別注やからね」と店のおばちゃんはカウンター越しに言う。鉄板の厚さは1センチ以上あるだろうか、とても重そうだ。

客が座るやお好み焼き屋で鉄板にそうするようにゴマ油がひかれる。鉄板が熱くなるのと同時に、ホルモンと豆腐、糸コンニャクが置かれ。その上にキャベツ、タマネギ、モヤシ、ニラを山盛りにする。高さ20センチの野菜の山、マッターホルンだ。「やすもり」という店名の由来はこれなのかなと思う。

そこに秘伝のタレをたらり。あとは「さわるな」であり、出来あがるまで店任せだ。ぐつぐつ煮えてくると、カウンター内のおばちゃんが、おのおのの客と差し向かいになるスタンスで、箸を使って山を崩してくれる。「もういけますよ」との声がかかるや、焼けたホルモン、煮えた野菜や豆腐を鍋から手皿に取り、がっつく。ホルモンの脂に野菜から出た水分がじんわり混じり、濃い味だがさっぱり、の下町＋コリアンテイストが何とも良い。頭上を走る阪神電車の音は、ホルモンを食べるのと生ビールのジョッキを傾けるのに夢中で聞こえない。

ちょっと足りないと思ったら、バラやセンマイなど、好みのホルモンを選んで追加注文する。その都度、野菜とタレも足す。そして食べ終わった後は、ぶっといラーメン玉に残ったエキスを吸わせて生卵をからめる。思わず実況中継してしまったが、すごく合理的というか、本当に「良くできてるな」としみじみ思うのである。

鉄鍋にしろ野菜の盛り方にしろタレにしろ、なんだか阪神尼崎高架下のロケーションそのものの感じがする。阪神の特急に乗って梅田や三宮のお目当ての飲食店に行き、グルメなメニューを食べる、というのとはちょっと違う。街そのものと店が溶けあっていて、街の体温や香りや音の断片がこの店なのである。

食べに行った日がたまたま十日戎の日で、店のすぐ前に屋台が出ていた。ここから尼崎ゑびす神社の参道が始まっているのである。神社までは50メートルほどしかない。それでも所狭しとたこ焼きやリンゴ飴、ベビーカステラ、射的やお面を売る屋台が並んでいて、人だかりが出来ている。今度は縁日の夜の音と匂い。

やすもり尼崎本店

基本メニューのてっちゃん鍋盛り合わせセット1人前1980円は、大根のキムチと締めのラーメンもしくはうどんが付いている。2人以上なら2人前以上注文するのがお約束。創業以来の秘伝の味噌ベースのタレは、追い足し追い足しで40年。鉄鍋と同様「ここしかない」伝統の味を守っている。

●尼崎市神田中通3の85
☎06-6411-8880
11時~23時半　無休
※2016年1月掲載時

◎「おいしい口」にさせる街と店

うまいお好み焼きが出来上がるまでの目・鼻・耳が全開になる時間の愛おしさ。

【甚六】

大阪・天神橋筋

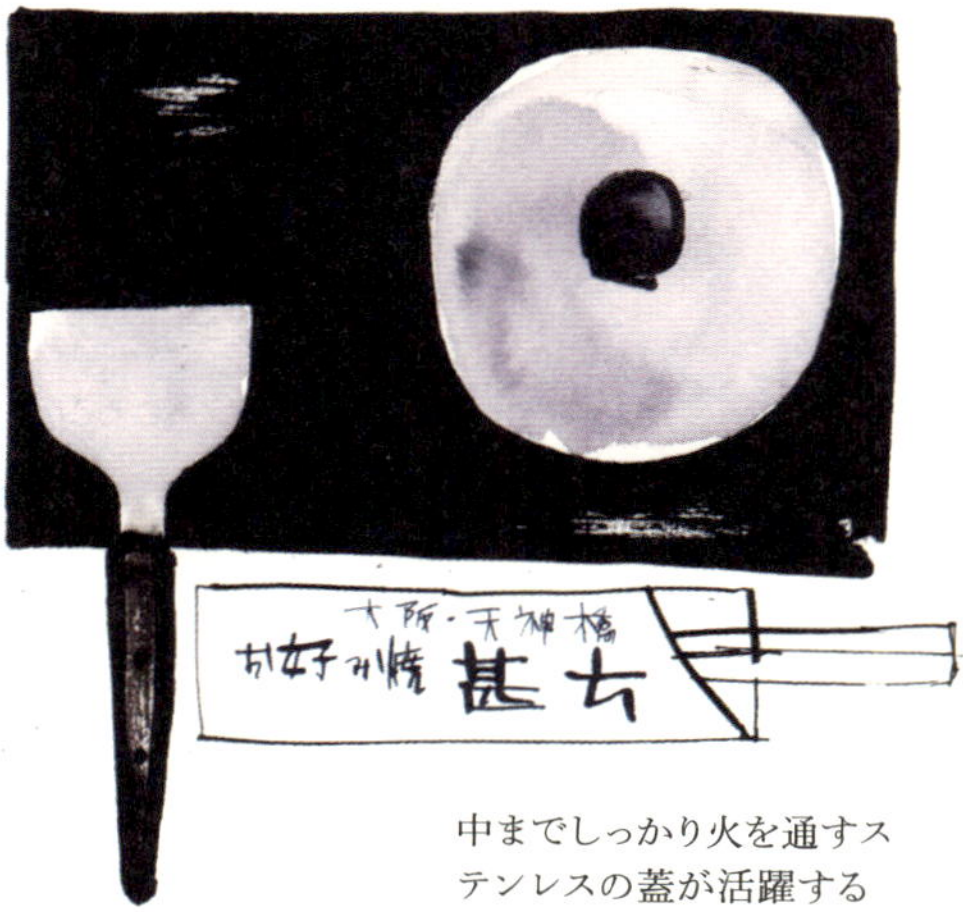

中までしっかり火を通すステンレスの蓋が活躍する

大阪人が好きな飲食店のスタイルはカウンター形式の店だ。

厨房と座敷とが別にある料亭ではなく、板前が客の前で刺し身を引いたり、煮たり焼いたりする割烹は、大阪に大正末期に出現した。当初は「腰掛け料亭」と呼ばれていたらしい。また現在、大阪のフレンチやイタリアンのレストランでも、カウンター型のオープンキッチンが人気だ。

けれども考えてみれば、お好み焼き屋やたこ焼き屋、串カツ店だってそうだ。それらはオープンキッチンの最たるスタイル、実演対面販売なのだ。

目の前で誰かがうまいものを一生懸命つくる姿や、調理人が自分のために腕を振るうシーンを見せられると、ゴクリと唾を飲んでしまう。料理を食す前にすでに「おいしい口」になってしまうのだ。

お好み焼き屋に行き、鉄板の前に座ると、目の前で店のおっちゃん（あるいはおばちゃん）が、ステンレスのカップの中でメリケン粉やキャベツや卵がカチャカチャとかき混ぜ始める。それらを熱い鉄板にあけると、具をのせたり粉カツオをふりかけたり。焼けてくると、今度は大きなテコでひっくり返したり、焼けた表面をパンパンと叩いたり、ソースを塗ったり……。そのたびに客は「おお、出来てきたぞ、うまそな豚玉や」と思わず見入ってしまうのだ。

目の前で調理されるお好み焼き自体の視覚のみならず、家庭では見かけない道具やそれらを扱う際の金属音や、熱い鉄板の上で豚バラの脂が焼けはじけ、ソースの焦げる匂いなどなどが、「うまいぞ」と主張してくる。出来上がるまでの時間軸に応じた全身への刺激が味覚に集約される。それがお好み焼き屋の味なのである。

旧来、下町に住む大阪人には自分の地元近所にお気に入りのお好み焼き屋があって、わざわざよその街の知らないお好み焼き屋の扉を開けることはなかった。それぞれの街にそれぞれの具や焼き方があり、行きつけのお好み焼き屋のが一番だと思っている。まだまだそんな人が多い。

その街のお好み焼きは、かけがえのないそれぞれの街の味や匂いや体温であるし、まるで中学校の校区ごとに違うスタイルのお好み焼きがあるようだ。だからこそ「コナもん」などと称して十把一絡げでとらえたり、「星がいくつ」というような単純な物差しで測ったりすることは無効である。

そういうこともあって、よそからの客に「一番おいしいお好み焼き屋はどこ」などと聞かれると返答に困ってしまう。それでお好み焼き屋に誰かを連れて行かなくてはならない場合、まずその街の近辺を歩いて案内し、そのうえで目的の店に入ることが正解だと思っている。

天神さんと天神橋に近い、そんな街の味。

大阪天満宮のすぐそば、ちょうど天神橋筋商店街のアーケードが始まるすぐ前の絶妙な場所にある[甚六]は、まさに大阪のど真ん中の街の味がする。

店は昭和56年（1981）に開店した。外観、店内、鉄板やテコなど道具まで、ほとんどが当時のままだ。だから少々くたびれたディテールを含め、どこをどう切りとっても正真正銘の大阪のお好み焼き屋であり、NHK連続テレビ小説の『てっぱん』や、赤井英和さんがモデルとして登場する広告の撮影ロケ地となったのもうなずける。最初に生地に練り込む卵の割り方から、焼き上がって辛子、ケチャップ、マヨネーズ、ソースと塗り重ねる刷毛の扱いまで、いぶし銀のようなライブ感満点。

けれども、それらは演出しようと思ってできるものではない。むしろ天神橋1丁目というエリアそのものが、これらの店の日常によって成り立っているからだ。よその人が大阪に来て「やっぱり大阪といえばお好み焼き」となるのは、そのお好み焼きやモダン焼きや焼きそば自体が、よそより絶対うまいことに加えて、こういった地元ならではの日常の舞台とパフォーマンスにあるのだと思う。

甚六

お好み焼きにも焼きそばにも鶏ガラのダシを使うのがこの店流。店名を冠した「甚六焼き」は、具がホタテ、海老、牛肉、豚肉と超デラックス。開店当初から２３００円。「30年前からしたら、エラい高かったと思いますわ」とご主人。元アイスホッケー選手で指導者というモダンボーイだ。

●大阪市北区天神橋１の13の11
16時～22時（日・祝12時～21時） 月曜休
※２０１４年11月掲載時。２０１５年12月に閉店

◎「時間」が凝縮された街の味

「1970年」をまとったままで懐かしさよりも現役「いい店」の匂い。

【マヅラ】

大阪・駅前第1ビル

店頭の「ジョニ黒」人形。大阪の街によくある、キャラクター看板として見てもずば抜けている

時代はめまぐるしく変わり、街のあれやこれやに反映している。目を閉じると脳裏に浮かんでくるように、その時代特有のモノや様式、風俗、流行……と、さまざまな表現の断片が、街の記憶として生身の体に刻み込まれているのだ。

生まれてからずっと大阪にいるわたしにとっては、1970年前後、大阪万博の頃の記憶が、70年代後半のジーンズ、Tシャツ、スニーカーのアメリカ村の時代や80年代後半から90年代にかけてのバブルの時代よりも、鮮烈な具合である。

万博の頃といえば、わたしは小学生の子どもで、それらを実際の「時代感覚」として経験し分別するのはまだまだだったはずだが、007のボンドカーに使われていたトヨタ2000GTや、ニコンやキャノンの一眼レフのカメラや、サンスイのステレオ(浅丘ルリ子が広告に出ていた)など、ある種の「すば抜けた」感覚が、万博のシンボルだった岡本太郎の太陽の塔と同様の強い印象として刻み込まれている。

実際にそれらは、ネーミングのイメージやブランドのマークに象徴されるというわけでは決してなく、目に見え手に触れてわかる斬新さであり、性能であり、デザインであったりした。

飲食店の世界では、カフェバーもイタメシもまだまだ登場していない時代に、この「マヅラ」と姉妹店の「キングオブキングス」は開店している。

マズラは万博の同年70年、大阪駅前第1ビルの完成と同時にオープン。ピカピカの「駅前第1ビル」の「地下街」というロケーションは当時の最先端だ。喫茶店とカウンター・バーの「複合店」で約100坪、200席の規模。通路側の壁一面にしつらえられたSFチックな透かし彫り装飾はじめ丸い巨大ラウンジ席など、非日常的デザインの店舗空間(わたしは「宇宙曲線」などと表現したりする)を見ようと、建築系デザイン系の若者たちがこぞってやってくるほどだ(彼らは「レトロ」と称している)。開店当時は、さぞ客の度胆を抜いたことだろう。

翌71年にオープンした、マズラのすぐ向かいのブロックにあるキングオブキングスの内装も、この延長線上にあり、かつグランドピアノが置かれているなど、「モダンでデラックス」なもので今なお、ものすごくインパクトがある。「サロン」という時代がかった言い方が、本当によく似合う店である。

かつて世界の大都市にあった
スコッチ「宣伝店」の一つ。

マヅラの店頭には、大きな「ジョニ黒」の人形＝ストライディング・マン（大股歩きの男）が飾られている。もともとスコッチのジョニー・ウォーカーを大きく前面に出した「宣伝店」だからだ。ちなみにキングオブキングスはその名の通りの高級スコッチ銘柄を店名にしている。

ジョニ黒は、その当時、酒なんか飲めない小学生にとっても憧れの的で、実際とても高価だった（と聞く）。「舶来」という言葉にまだまだ威力があった時代で、この酒が海外旅行のみやげにされていた。

そのジョニ黒は一杯450円で飲める。開店当初は400円で、それでもどこのバーよりも安かったそうだが、1970年の大卒男子初任給は約4万円で、若者などなかなか飲めない高級な酒だったに違いない。

店や酒が変わったのではない。こちら側が変わったのだ。たとえば瓶ビールを注文するとキリンラガーが出てくるが、これはスーパードライがまだなかったからなのだ、と考える方がこの店では断然楽しい。店は年月とともに「そこにある」、固有であり代替不可能なものだからだ。

大阪駅前第1ビルのこの店が、「昭和遺産」とならずに、まだまだ現役ばりばりで、昼はコーヒー（250円）、夜はスコッチが気軽に安く飲める店として健在なのは奇跡的なことだ。

イラストを描く奈路さんは、「コーヒーを出してくれるウエイトレスさんも〝昔風の人〟なのがすごいですね」と言う。といっても、20代の若い女性である。そこは誤解のないように。

マヅラ

上のイラストに描かれているのは7席のみの特等席のカウンター。ジョニー・ウォーカー赤シングル350円。チキン唐揚げ、コンビーフキャベツ炒め物（各500円）など、フードもしっかり昔ながらでおいしい。

●大阪市北区梅田1の3の1　大阪駅前第1ビルB1
☎06-6345-3400
9時～23時（土曜～18時）
日・祝休
※2013年5月掲載時

◎「時間」が凝縮された街の味

京津線が走る「以前」も「以後」もずっと三条通りを見つめている。

【篠田屋】

京都・三条京阪

皿盛。皿からカレーのあんかけがはみ出さんばかりの「盛り」は大きい

学生から社会人になってすぐの1980年代半ば、京都・蹴上の友人宅へよく遊びに行った。お家は料理旅館で、いかにも客を選んでいるような佇まいだった。

三条が終点の京阪本線は、まだ鴨川べりの地上を走っていて、蹴上へは三条駅から京津線に乗り換えて行った。大阪からは小・中学生のころの遠足でおなじみの京都の玄関駅であるが、社会人になってからの訪問は、ちょっと古いが「きっといいことおきるから　京都あたりへ行きたいわ」というザ・ピーナッツの『大阪の女』の歌詞にある、小旅行のような艶っぽい感じがした。

ここ数年、京都のとある大学へ週1回、講師で行っていて、必ず三条駅から大阪に帰っている。懐かしい駅前食堂の「篠田屋」の「皿盛《さらもり》」を食べたくなるからだ。けれども87年まで地上にあった京阪三条駅で京津線に乗り換えた駅の風景の記憶はすっかり消えている。見事にない。

ただ、木屋町通の東側のビルにある酒場の窓から見える、きらきらと街の光りを反射させる夜の鴨川と、京阪電車の姿がとてもきれいだったことは、珍しかった鳩マークの京阪特急のテレビカーの印象とリンクするように覚えている。

2011年に発刊された京阪電鉄『京阪百年のあゆみ』を見ていると、今はない京津線三条駅の写真があった。懐かしくも旅情をそそられるような旧式駅舎だ。さらにネット検索でヒットした写真を見ると、ホームへ上がるレトロな数段の階段、発車してすぐに急カーブを曲がる、三条通の路面を蹴上方面へ向かう2両編成……。わたしは一気に京阪三条ならではの駅前風景に呼び戻される。

大阪でも東京でもターミナルはきらきらと光る金属とガラスの高層建築のビルがあたり前になっている昨今、まことに京都らしい空が近い空気感だ。大都市のど真ん中の駅前なのに、町家の食堂、篠田屋とそのとなりは浄土宗の寺。この寺の「だん王保育園」には友人の息子が通っていたので、いつも電車がゆっくりカーブを曲がり、川端通から三条通へ折れるときに、無意識にこの風景を車窓から見ていた。そしてこの二つの建物は、いまもそのままだ。

篠田屋の2階建ての町家は昭和5年（1930）に建てられたというから、80年以上経っている。バネで戻る両開きのドアを押して入る店内も、小さなタイル張りの床からテーブルの上の「こりと痛みにトクホン」と書かれた青いアルマイトの灰皿まで、戦前の映画のセットみたいだ。

「鉄道員」のリクエストで生まれた名物。

創業を聞いて驚く。なんと明治37年（1904）、110年の歴史だ。「駅前食堂」などと先に書いたが、京阪電車の開業が明治43年で、三条駅ができたのが大正4年（1915）だから、駅前は後の話だ。

名物メニューの「皿盛」（600円）は、片栗粉でとろみをつけたカレーうどんのあんをかけた和風カツカレーだ。このメニューには物語がある。いつも通う京阪電車の乗務員がカツカレー丼をかきこもうとするが熱すぎる。発車時間までの短時間に冷まして食べられるように、皿に盛ってほしいと言った。それでこの名物メニューができたとのこと。もう30年以上前の話である。

客の大方がこの皿盛を食べていることがあって、ずっと昔、わたしも初めて食べる際に「カツカレー」と注文した。するとお店のおかあさんが「あれは皿盛ですが」と言った。別の洋食のカレーライス（520円）やカツカレー（600円）もあるのだ。

七味をちょこっとかけて食べる皿盛は、どこにもない京阪三条の味と風景そのもので、祇園や木屋町とはまた別な、大阪人が京都に抱く、親戚のおばさんの家を訪ねるような独特の感慨そのものだ。

篠田屋

マクドナルドやスターバックスが駅前にあるよりも、こういったそばうどんと丼の食堂があることがなんだかほっとする。わたしの好物は皿盛、中華そば（４５０円）、にしんそば（５５０円）、きぬがさ丼（５５０円）といったところ。

●京都市東山区三条大橋東入ル大橋町１１１
☎０７５-７５２-０２９６
10時～15時、16時半～19時
土曜休
※２０１４年１月掲載時

◎「時間」が凝縮された街の味

明治から続くミナト神戸の遺産に、肩の力が抜けた「手作り感覚」が加わって。

【アリアンスグラフィック】

神戸・海岸通

このかいわいの店には、このような手作り看板が実に似合う

神戸市営地下鉄海岸線「みなと元町駅」の東側出入り口あたり、栄町通から浜側の乙仲《おつなか》通と海岸通のエリアは、流行に敏感な若者の間で「いま神戸で一番オシャレなところ」と言われている。

「乙仲通」というのは通称で、貿易の際の船積みの手配から通関、納品までの手続きを代行する「乙仲」つまり「乙種海運仲立業者」の事務所が集まっていたから、そう呼ばれるようになった。なんともミナト神戸らしい通りの名前だ。

それらの事務所が入っていた昭和ムードいっぱいのビル（「昭和ビル」というビルもある）は、だいたい3〜4階のこぢんまりしたものが多く、その一室をブティック、雑貨屋、カフェなどに転用した店舗が集まりだしたのは、阪神淡路大震災以降のこと。

このエリアの良いところは、昔ながらの喫茶店、そば・うどんの食堂、中華料理店や郵便局がぽつりぽつりと残っているところだ。「木のドアと壁をペンキ塗りし、看板も手描きして、自分たちの店をつくりました」というような「オレたち」「私たち」感覚の新しい店との共存は、いい意味でのでこぼこした街の空気を醸し出している。

乙仲通から一筋浜側に位置する海岸通の近代建築も、三宮側の居留地の豪奢なビルに比べて小ぶりで、どこかひなびた愛嬌がある。

旧日濠会館の「海岸ビルヂング」は明治44年（1911）に建てられた3階建てのビルで、海岸通に数ある近代オフィスビルのうちで一番古いものだ。

重厚な石造りの正面中央の玄関から、幅一杯のスケールでいきなり一気に3階まで駆け上がる石造りの階段がど真ん中を貫いている。階段を上りきった3階の天井は採光用のステンドグラスだ。数ある近代建築ビルで、類を見ない造作に驚くが、エレベーターもなく電気も乏しい時代を想像してしまう。

このビルにも新しいオシャレな店が入っていて、天井の高い部屋をうまく使ったギャラリー風の帽子屋やアンティーク雑貨店が、実によく似合った複合商業空間になっている。

神戸的アレンジは「マーケティング」に非ず。

神戸の店は、同じカフェやブティックでも、大阪や京都とは違う独特の手触りがある。それは昭和や明治、大正といった時代も、西海岸もパリも南の島も、自分たちの手作り感覚で呑み込んでしまい、ミナト感覚ともいえる無国籍なタッチに仕立て上げるフットワークの軽さゆえだ。

まだたどたどしい日本語の中国人やベトナム人が、いきなり元喫茶店やスナックを居抜きで借りて、ちょこちょこっと内装を施して、新しく手づくり餃子専門店やベトナム麺の店をつくってしまう。もともと自分たちが食べておいしいものをちょっと神戸流にアレンジして出し、それらのうまさが口コミで広がり、しっかり地元・神戸っ子をとらえる。「気軽に店をやっちゃいました、でも真剣です」。そんなスピリッツこそが、これら神戸の個店に共通する魅力であり、それを地元の街レベルできちっと受け入れているところが、この街の素晴らしさでもある。

デパートやファッションビルが並ぶ三宮、元町からこのエリアまで足を運ばせる磁力は、単に流行りのファッション軸上のものではない。加えて、ここでしか感じられない肩の力が抜けた空気感や、通りを歩くときのリラックスした気分は、ちょっと斜陽感のあるレトロな建物と、モルタルやペンキや木のタッチが醸し出すもので、決してマーケティングや宣伝広告などの情報軸ではないのだと思う。

アリアンスグラフィック

海岸ビルヂング1階にあるカフェ・レストランだが、裏道を通ってビルの側面からしか入れないのがユニーク。加えて側面は赤煉瓦の壁になっていて、別の建築物かと思ってしまう。店内はすり減った煉瓦の壁から木の椅子、カウンター、スツールまでアンティークそのものの空間。それもフランス風とお見受けする。昼は千円前後のランチセット、夜はバーとして使う客が多い。

●神戸市中央区海岸通3の1の5 海岸ビルヂング1階
☎078-333-0910
11時半〜23時（金・土・祝前日〜24時） 無休
※2014年3月掲載時

◎「時間」が凝縮された街の味

ホークス去ってもこのしゅうまいは、難波の変わらぬシンボルだ。

【一芳亭】

大阪・難波

初めての人は必ず薄焼き卵の皮に驚くしゅうまい。偉大な代用品だ、と聞いて「へえ」となる。

大阪万博後の１９７０年代半ばの難波周辺は、すさまじい様相だった。南海難波駅ターミナルのうちの北側が髙島屋で、南西側に大阪球場があった。球場や競技場などのスポーツ施設は、甲子園球場や長居スタジアムもそうだが、普通は梅田や新宿といった街のど真ん中には立地することがない。

しかし南海ホークスの本拠地・大阪球場は大ターミナルを含んだ繁華街のなかにあり、球場がメインの施設だった「大阪スタヂアム」には、スケートリンクや卓球場や場外馬券場に、カルチャーセンターや料理教室もあった。

90年代の終わりに大阪スタヂアムが姿を消して、街の賑わい方がすっかり変わった。すぐ東側にある「電気街」日本橋は、今やアニメやコミック、はたまたメイド喫茶などが集まる街になったし、それより北東側の「大阪の台所」黒門市場も、新鮮な魚介類を「立ち食いしよう」とやってくる中国や韓国などからの観光客がどっと増え、食材を仕入れに来る料理人の姿は目立たなくなった。

ミナミの面白いところは、道１本、１ブロック違うだけで、そこにある店や、その街にやってくる人もがらりと変わることだ。その多様さが、大くくりに言う「ミナミ」という街そのものなのだ。そしてそれらは時代の変遷に寄り添うように変貌する。

そんな中、旧い「うまいもん屋」はそのままのところが多い。この「一芳亭《いっぽうてい》」のように昔ながらの店が変わらず人気を集めているのがさすがだと思う。

ここのしゅうまいや若鶏の唐揚げは、デーゲームの南海―阪急戦や高校野球の大阪大会予選、あるいはレコード針を買いに行った電気街とセットで身体に刻み込まれていて、そのおいしさは今も連続している。大阪球場は、サイモンとガーファンクルのコンサートがあった80年代初めごろからわたしの記憶から消失し、気がつけば「なんばパークス」という、全国の大都市にありふれてある大規模テナント商業施設になっている。残念ながらそこには、ネット検索でヒットする店や商品の情報はあっても、ミナミの「味の記憶」は存在しない。

名物を、カスタマイズして食べる愉しさ。

「華風料理」の［一芳亭］へは、だいたい2〜3人で行って、今日は2人前にするのか3人前かと悩むのが楽しく、加えて必ず若鶏の唐揚げ大を注文する。この二つはメニューの上から書かれた1番目と2番目で、だいたいいつもそれだけで決着する。

しゅうまいは戦後、小麦粉が不足し、皮の代用として薄焼き卵を使ったのが始まりで、その皮の特徴がどこにも類を見ない名物メニューとして定着した。包まれる具材は豚ミンチ、玉ネギ、海老。和菓子のような見た目、ふわふわとした食感と柔らかい味覚は、感覚的には中華料理の焼売とちょっと違う。醤油だけまたは酢と醤油を合わせて辛子を利かせて食べるのがスタンダードだ。が、いつどんな時に誰に教えてもらったか真似をしたのかは忘れたが、「ウスターソースすんません」と言って持ってきてもらって、辛子を混ぜて食べることを覚えた。1個目は醤油、2個目はソースと交互に食べたりもする。

若鶏の唐揚げは、生醤油だけを揉みこんで素揚げした、極めてシンプルなもの。薄味で皮が香ばしく揚げられていて、こちらも中華料理っぽくはない。塩胡椒が用意されるが、淡白な胸肉部分は醤油と練り辛子で食べる。

とある店でのこういう類の好みや食べ方は、まったく取るに足りぬものかもしれないが、わたしにとっては難波という街でのパーソナルヒストリーの痕跡のひとつだ。織田作之助で有名な［自由軒］のカレーは必ず生卵の上からソースをかけるし、日本橋1丁目交差点北の焼鳥屋［とり鹿］のぶっとい金属の串に刺された鶏肉は箸で外す——というように、「難波という街で食べる」という具体性は独特である。「二度づけお断り」の串カツしかり。それらは単なる情報化社会の「皿の上」の消費ではなく、ゆっくりと時間をかけて街や店によって培われるものだ。ミナミでもとりわけ「濃い街」難波には、このような「身体化される」食がある。

一芳亭

昭和8年（1933）創業。「華風料理」という表記がなるほどと思う洋食屋を思わせる外観、木の手触りの内装。しゅうまい（5個320円）、若鶏の唐揚げ（大1250円）から始まり、酢豚（580円）、春巻き（900円）まで、十数種しかないシンプルなメニューに実にしっくりくる。

●大阪市浪速区難波中2の6の22
☎06-6641-8381
11時半〜20時　日・祝休
※2016年5月掲載時

◎「時間」が凝縮された街の味

お茶屋が並ぶ花街の記憶を残すきゅうり巻き発祥の町家。

【甚五郎】

大阪・北新地

名物の胡瓜巻きは、もろきゅうによく使われる小ぶりなもの1本分。おろしたてのワサビとの香り、味のハーモニーが見事。400円

戦前の北新地の写真を見ていると、今の街の姿とは似ても似つかない。軒先の提灯に幕、2階にも格子が立った立派なお茶屋がずらりと並ぶ、まことに花街らしい光景。黒光りした建物は、京都・祇園の町家よりも大ぶりな感じだ。

そのあでやかな街は戦災でほとんどが跡形もなく焼失した。伝統的なお茶屋はもうないし、芸妓さんは6人いるだけだ。けれども夜の北新地を歩いていると、着物姿のホステス、ママさんをよく見かける。この街では和装が正装だとのことだ。

2012年に発行された『北新地社交料飲協会創立50年記念誌』によると、昭和40年頃にはまだお茶屋が50軒余りあって、150名ほどの芸妓さんが、毎日北新地のお座敷をにぎわせていた、とある。1600年代後半の元禄時代にさかのぼる遊所、堂島新地の伝統はかろうじてこのあたりまで。万博が大阪で開催された1970年頃を境に、北新地は接待や社用中心のクラブやラウンジの歓楽ビル街へと変貌していく。

そんな北新地にあって、指折りの古い店がこの「甚五郎」だ。昭和4年（1929）創業の寿司屋で、軒の上に見事な木の看板がそびえる日本建築は料亭のようだ。店先に建てられてある1メートルぐらいの石碑には「元祖起う里満き　鮓甚五郎」とある。「胡瓜巻き」の登録商標を持っていたとのことだ。

大阪の「鮓」は本来が箱寿司で、東京式のにぎり鮨が大阪に現れたのが大正時代。日本橋にある「福喜《ふくき》鮨」は、「元東京柳ばし」と看板に肩書きされているように、大正5年（1916）に東京から移転してきた店だ。

甚五郎の胡瓜巻きの由来については、大正15年生まれの二代目店主・大宅博さんに聞くと「にぎりより海苔で巻くほうがおいしい思たんでしょう」と素っ気なく、どのようにして出来たのかは定かではない。ミナミの阪町《さかまち》に数年前まであった「すし捨」が初めて「車エビの踊り」を出したといわれているのと同様、「胡瓜巻き発祥の店」として地元では知られている。大阪の飲食店はこのような元祖が多い。

高級歓楽街として、北新地は大変移り変わりが激しく、飲食店の業態もクラブ、ラウンジといったママやホステスさんが接客する店や料亭や割烹ばかりというわけではない。長引く不況を反映するかのようにカジュアルな立ち飲み店や、流行のスペイン・バルやシャンパン専門のバー。新世界の「ソース2度づけお断り」の串カツ店が進出するなど、変貌が著しい。［甚五郎］の隣も、チェーン店系のカラオケボックスだったりする。

旧い路面店の華やぎが通りの情景となる。

北新地は完全に夜型の街だ。ブティックや花屋、薬店、それにコンビニや不動産売買仲介業以外は飲食店だと言ってよい。それも大概がひとつのビルにクラブやラウンジ、バーなどの酒場、あるいは料理屋がたくさんテナントとして入っていて、客は目当てのフロアへエレベーターに乗って行く、というのが北新地の常套だ。

大理石や金属が張られたゴージャスな雑居ビル街に、昔からの格子づくりの町家ぽつりと佇む、という風景は、それだけで店の風格を感じてしまう。だが、例にもれず北新地でも、この店を含め数少なくなってしまっている。また、このような町家の路面店は、表にメニューが表示されている類の店ではなく、一見ではなかなか扉を開けにくいから、よけい入りにくい感じがする。

「ちょっと怖い」感じと、けれども店に入ると「くつろげる」空気感。そのあたりが古い店に共通する「店の味」なのだろう。外の通りと店の外観、さらに時おり開けられる戸からもれる店内や人の様子が、その街や通りに溶け出すように、何ものでもない北新地の夜の情景を醸す。

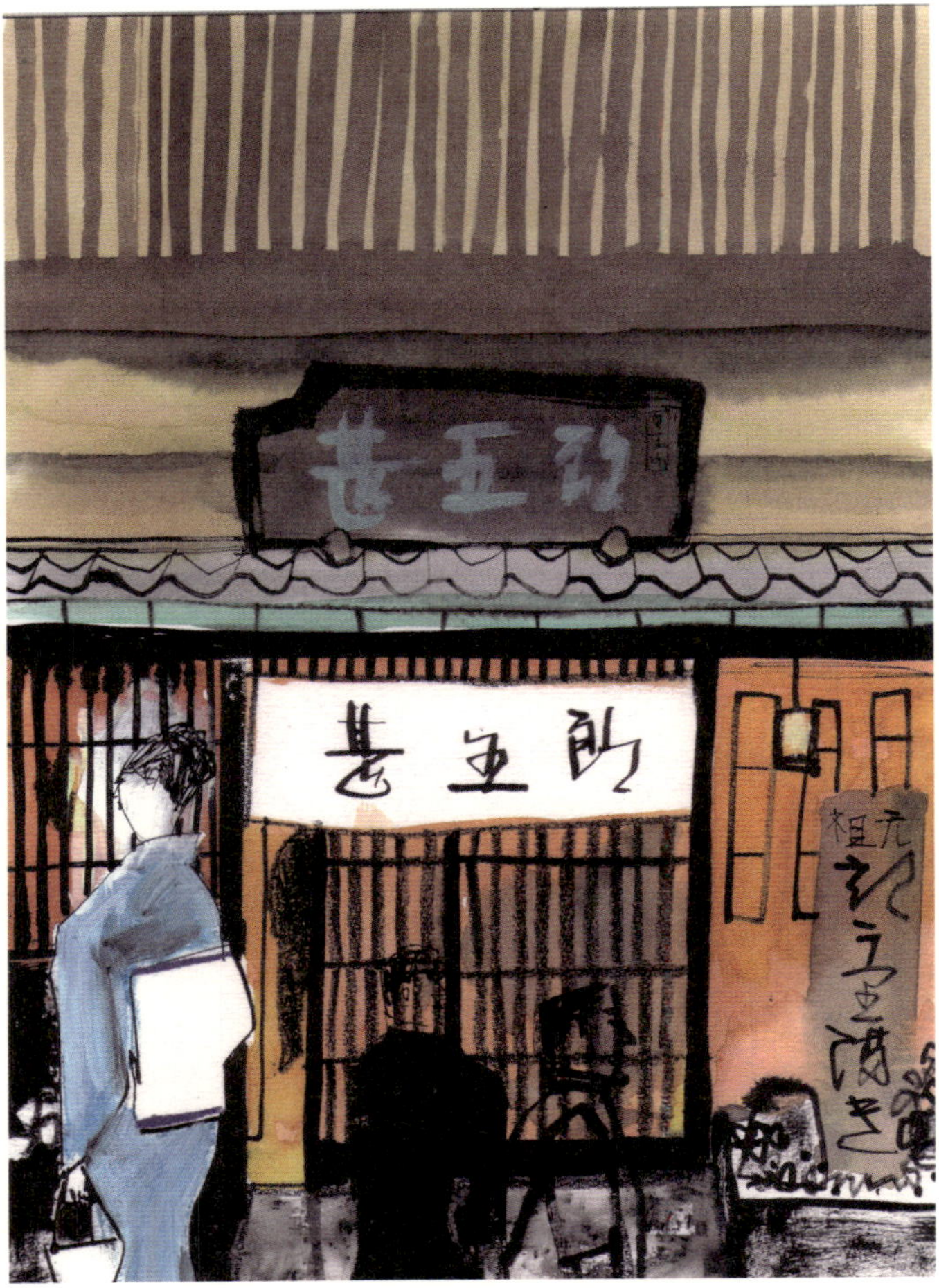

甚五郎

寿司屋だが刺し身や焼き物、煮物と板前割烹的に使う客が多い。もともとが屋台の寿司屋が発祥だとのこと。2度の建て替えを経た建物、L字型の白木のカウンターと長テーブル、ベンチにかぶせられた白いカバーの座布団がすがすがしい。

●大阪市北区曽根崎新地1の4の5
☎06-6341-2901
17時〜22時　日・祝休
※2015年5月掲載時

◎「時間」が凝縮された街の味

静寂で穏やか、「用の美」を醸す、リーチと民藝同人がつくった「部屋」。

【リーチバー】

大阪・中之島

本文で触れた灰皿。ホテルの文化教室「エコールドロイヤル」の陶芸教室の講師が焼いた。何度もつくり足されているが、これはおそらく20年以上前のもの

街中にあるシティホテルは宿泊施設のみならず、レストランやバーなどの飲食店、ブティックや宝石貴金属店などの物販といったテナントを含めた大規模商業施設である。ヨーロッパの高級乗用車が展示してあるショールームがあるホテルもよく見かける。

中之島にあるリーガロイヤルホテルも、そのようなホテルのひとつに違いない。けれども西側入口からから入ってすぐにある「リーチバー」は独特の酒場だ。まぎれもなくホテル内のバーなのだが、なんだか街中にあるクラシックなバーのようでもあるし、趣味が良いお金持ちの洋館の別荘の一室みたいな空気感がある。

リーガロイヤルホテルは昭和40年（1965）、全大阪が大変な期待を持ってオープンしたホテルだが、このリーチバーについて、当時の社長の山本為三郎氏と、設計を担当した吉田五十八《いそや》氏の対談に、次のような記録がある。

山本社長が英国の陶芸家のバーナード・リーチに「君の記念碑のかわりにひとつ部屋をつくるからやらないか、とすすめました」。リーチも後に書簡で「わたしは一つの室の設計を試みましたが」と書いている。

なるほど、ホテル内にある「バー・ラウンジ」といった単なる間仕切りした商業空間ではない。ほとんど独立した「部屋」あるいは「室」になっている。加えてバーという店舗形態としてみても、大阪の街場でも他に類を見ないぬくもりのあるコテージ風の空間だ。

名作が飾られはしても、「展示」ではない。

ちなみに日本が戦後復興期に入ろうとする昭和20年代後半に、リーチが日本各地を旅し、とくに陶芸家として窯場をめぐったことを記す『バーナード・リーチ日本絵日記』という文庫本があるが、翻訳者は柳宗悦《むねよし》だ。

柳宗悦は「民藝」運動の主要人物であり、リーチと交友関係が深かったことから、リーチバーの設計や制作に深く関わっている。リーチバーには、陶芸家の河井寛次郎や濱田庄司、染色家の芹澤銈介《けいすけ》、版画家の棟方志功といった「民藝」同人たちの作品が展示されている。いや展示というより、ひっそりと置かれているという感じだ。コレクションというのでもない。

柳宗悦たちの追求する「用の美」という、日常の道具や器などに見出す日本の美意識は、それとは意識せずに手づくりしたり、使い込んだりするところに本質がある。だからこのバーに置かれている陶芸や染色や絵についても、作者のプロフィールや制作された経緯を知らずともよい。

何を隠そう、わたしも20年ほど前に雑誌で記事を書く機会があって、初めて取材して知ったものだ。このバーは編集部から近かったからよく待ち合わせ場所にしたし、BGMもなく、カウンター奥の冷蔵庫のファンか何かが回る音がかすかに聞こえるほど静かなので、奥のテーブル席はインタビューする際に使わせてもらっていた。午前中から開いていて、頼めばソフトドリンクも作ってくれる。

時折、壁に掛かっている絵や置かれている数々の焼きものに「おやっ」と気づくことはあるものの、それ以上ではなかった。

シティホテルは星の数で格付けされたり、そこに泊まったりレストランで食べたりすることをステイタスとして意識することが多い。けれども、ここはホテル附属のバーとして、そのような物差しでは測れないところに素晴らしさがある。

リーチバーで使われている直径20センチはある大きな素焼きの灰皿は、内側の底に緑色のガラスが埋め込まれていてそれが美しい。以前、バーテンダーに聞いたところ、イギリスのジン・タンカレーの瓶を砕いて焼き込んだものだそうで、「なるほどな」と思ったのを記憶している。

リーチバー

ホテルではメインバーの位置づけだが、重圧感のない穏やかな空間だ。昼下がりなど、木工職人による微妙なアールのついた椅子に座り、籐を斜めに組んだ壁を見ていると眠気を誘われる。

●大阪市北区中之島5の3の68、リーガロイヤルホテル1階
☎06-6441-0983
11時～24時　無休
※2015年6月掲載時

◎「時間」が凝縮された街の味

街にはいつも音楽があり、音好きが集まる「場」がある。

【ザ・メロディ】大阪・東心斎橋

レコード時代から変わらない、この手描きのポップがあるからCDを買うというファンも多い

街の音、つまり音楽はレストランや喫茶店、酒場などの店舗と密接にかかわっている。またファッションやさまざまなモノや視覚デザインとも関連して、時代感覚をつくりあげてきた。そのように音楽は街の遊びや文化の入り口のひとつだが、ネットが普及する以前は、わたしたちは街のCDショップ（その前はレコード店）で音楽情報を入手していた。

東心斎橋にある［ザ・メロディ］は、東京・原宿の輸入盤専門店［メロディハウス］の心斎橋店として1976年にオープン。森本徹さんが店長として活躍していた。当時、若者文化を牽引していた雑誌『POPEYE』にレコード評、新聞にコンサート情報の連載を持ち、FMラジオにも出演。店内は心斎橋や難波周辺のディスコのDJや、音楽を売りにした新しい店舗形態のカフェやバーのスタッフでにぎわっていた。彼らプロと同様に、先を争うように輸入盤を求める学生や社会人、森本さんとわいわいといろんな話をして、ついでにレコードを買って帰るというようななじみ客も多かった。

店ではおおむね「この新譜を聴いたか」とか「あのライブは良かった」とかの音楽軸の最新情報が行き交っていたが、それらとミナミの街や店、ファッション情報は分け隔てがなかった。音楽についても、ロックやソウル、ジャズと幅は広く、レゲエやアフリカの音楽なども扱われていた。だからこそミナミのアメリカ村や心斎橋周辺では、フュージョン、AORなどと呼ばれ始めた新ジャンルの音楽が、店からメディアへ、あるいは街から音楽ファンへと拡散されていった。

山下達郎の3枚組アルバム『OPUS ALL TIME BEST 1975～2012』の解説には、本人が1978年の楽曲について「何故かこの作品が大阪のディスコでヒットし、運命が変わり始めた」と回顧し、79年の作品には「関西のディスコシーンのブレイクに合わせ、それまでにないコンテンポラリー路線で制作されたアルバム」とある。

まさにその中心にあった「メロディハウス心斎橋店」は、82年に少し北の鰻谷に「ザ・メロディ」として移転、その約30年後、2010年に現在のビルに収まった。

カフェ&バーが加わり、音の楽しさを共有。

今、この店のラックには、70年代の名盤や入手難のレア盤などのCDが厳選され置かれているが、その間「タワーレコード」など大型ショップが登場し、さらに音源はアマゾンで注文したりダウンロードしたりして入手する時代になった。その大きな流れをずらすように店は徐々に様変わりし、飲食店的な要素が加わり、現在はライブがあると思えば、ウクレレ教室も開かれたりしている。

街の音楽の店は、ライブハウスやクラブなどダイレクトに音楽を楽しむ店、さらにジャズやクラシックがかかる喫茶店などがまだあるが、ひとつの音楽的趣味嗜好でつながるネットワークは、iPhoneやパソコンに取って代わられている。音楽は個人がイヤホンで楽しむようになっているのだ。しかしこの店では、音楽を聴いたり飲んだり食べたりすることは、みんなと共有するから楽しい、というフレンドリーな空気感がつくられている。

それは心斎橋という街に長く根をおろし、それが動かないということにつきるのだが、コミュニケーションの場所としての街の寄合所は、経済合理性に貫かれた店では代替不可能なのだ。

ザ・メロディ

ウクレレ教室は月4〜5回、ライブも毎週末はだいたい開催。客はカウンターに陣取り、ハワイのフレーバーコーヒーやトロピカルフルーツのジュース、ハワイやバリ、タヒチの「島系ビール」などを飲んで、ほのぼのとしたムード。「音楽好き地元好きの大人の寄合所」となっている。

●大阪市中央区東心斎橋1の14の19　三河ビル2階
☎06-6252-6477
15時〜24時（金・土は〜翌1時、日・祝は22時）
不定休
※2015年7月掲載時

◎「時間」が凝縮された街の味

海を舞台にコックからコックへと伝えられてきた、ソースの長い旅。

【グリルミヤコ】

神戸・元町

３種類のシチューはすべてこのスタイル。ソースを周りのマッシュポテトとスパゲティに絡めると、また格別

洋食。起源は西洋料理に違いないのだろうが、フランス料理やイタリア料理とは明らかに違う。日本の食のジャンルのうちのひとつなのだろう、トンカツやカレーライスを思い浮かべると、準日本料理という言い方もできそうだ。

その洋食、港町・神戸には二つの系譜がある。一つは開港すぐの明治3年（１８７０）に外国人居留地に創業したオリエンタルホテル、あと一つは日本郵船など船舶内のレストランのコックたちが「陸に上がって」始めた店だ。とりわけ、まだ飛行機ではなく船が外国への移動手段だった時代には、豪華客船の厨房が活躍の場所であるコックたちが最高ランクの料理人だったという。

街路からポートタワーが見える元町商店街の一筋浜側にある「グリルミヤコ」もその1軒だ。創業者の宮前敬治さんは船のコックとしてアメリカ航路を中心に世界を回ったあと、昭和40年（１９６５）にグリルミヤコをハンター坂に開店した。当時は8席だけの小さな店だったが、息子の昌尚さんの代になり、元町へ移転して現在に至っている。

自慢は洋食の命ともいえるドミグラスソースだ。そしてそれは大変港町らしい逸話に富んでいる。

外国航路の船舶で働くコックたちの社会には代々、ソースやブイヨンをパスしていく伝統があった。この店のソースは、初代の先輩が昭和の初めに乗り込んでいた「ぶらじる丸」をやめて、陸に上がった際に厨房から持ってきたものも入っているという。初代が乗り込んでいた「富島丸」からはドミグラスソースとカレーソースを持って上がった。船のコックたちのネットワークは強く、「あの船のソースはうまいらしい」と聞けば、分けてもらいに行くなど、船同士のソースのやり取りも頻繁にあったそうだ。

逆にコック仲間が神戸港を出る際には、グリルミヤコのソースを持ち出し、自分の船のソースに混ぜる。何とも開かれたユニークな食文化だ。

フランスでの修業経験のある昌尚さんが「１００年の味」と守る秘伝のドミグラスソースは、ベースは先輩からもらったもの、その先輩もそのまた先輩から……と船から持ってきたソースをまるで老舗鰻屋のタレのようにずっと追い足し追い足しでつくられている。阪神淡路大震災のときは、倒壊した店からソースを運び出し「鍋を持って避難した」そうだ。

「とろみ」のルーツも味わい深い話。

そのドミグラスソースを使った料理、シチュー類は周りにマッシュポテトをあしらっている。これは船が揺れてソースがこぼれないようにするためのスタイルだ。味が濃厚なのにさらっとしていて驚くほど滑らかなソースは、大きな寸胴鍋でつくられる追い足しソースを濾したものにブラウンルーでとろみをつけ、さらにまた濾して味付けする。それを繰り返し、シチューにかける4番ソースと呼ぶ状態になるまでは1週間以上かかる。船の先輩から伝承された1番ソースに対しての敬意のような気がする。

オリエンタルホテルでコックとして20年間活躍した後、元町で洋食屋をしているシェフに聞いたことがあるが、日本のカレーは英国の海軍流のもので、船上でこぼれないようにと、とろみをつけたという通説がある。しかし彼らが「１００年カレー」と呼んでいる神戸のオリエンタルホテル流のカレーはそうではなく、開港以来インド人が多く住む神戸で独自にはぐくまれたものだ。特徴を決定づける「ダブルオニオン」の玉ネギは、明治中期に全国に先がけて泉州、淡路でいち早く栽培されたものであり、とろみは日本の丼の卵とじの食感を参考にしたものではないか、という。

また「日本郵船のコックさんたちも、以前はオリエンタルホテルにいたり、広野ゴルフ場のレストランにいたり、大もとは一緒。そんな先輩たちが今の料理界では重鎮となっている」とのことだ。

ミナト神戸の洋食物語。昔はよかったということではなく、いまなお追い足し追い足しのソースのように、どんどん味わい深くなっているような気がするのだが、どうだろう。

グリルミヤコ

客席は客船の絵が飾られていて、やはりルーツが感じられるムード。看板料理のシチューは頬肉を使ったビーフ（1950円）、タン（2150円）、テール（2500円）と3種ある。ご飯かパン付きだが、ご飯の方が絶対オススメ。

●神戸市中央区元町通り5の3の5　ヴィラ元町1階
☎078-362-0168
11時半〜14時半、17時〜20時　月曜休
※2015年11月掲載時

◎「時間」が凝縮された街の味

「イタリアン」が広がるはるか前に、六甲山の麓に生まれた「本場の邸宅」。

【アモーレ・アベーラ】

宝塚・南口

カンネローニなどについてくるパン。スティック状のグリッシーニを10倍ぐらい太くしたような形状

御影、岡本、芦屋川、夙川、仁川、宝塚南口……。阪急沿線に代表される「阪神間」は郊外の住宅地だ。といっても片側3車線の広いバイパス道路に貫かれるような郊外ではない。

クルマの郊外には沿線がない。家から目的地までダイレクトの移動だ。対して鉄道沿線の郊外は移動のプラットフォームとしての駅がある。沿線の駅にはおのおの固有の駅名があり、人はそれを意識する。駅はそのエリアに住む人々の地元の「基点」であり、そこに人と人が織り成す日常のドラマがある。

「改札口で君のこと　いつも待ったものでした」と歌い始めるのは、野口五郎の流行歌『私鉄沿線』だ。別れた恋人を思うせつない1970年代の大ヒット曲である。この歌のサビで「ぼくの街でもう一度だけ　熱いコーヒー飲みませんか」という歌詞が出てくる。ここにはありありと「他所」ではないほかならぬ「わが街」の意識が投影されている。逆にいえば私鉄沿線の駅は、訪問者にとっては「他所の街」つまり異郷の入り口出口にあたるのだ。

阪急宝塚南口にある日本で最古級のイタリア・レストランが「アモーレ・アベーラ」である。この店に初めて行ったのは大学を卒業した80年代の初頭。給料をいただくようになって数カ月後、「イタリア人がやっているほんまもんのイタリア料理を食べに」、同い年の友人に連れて行ってもらったのだ。

就職をして阪神間が地元の知人が増え、休日の昼にはそれまでミナミや三宮といった繁華街に出かけるのが常だったが、芦屋や夙川など阪神間の郊外に出かけるようにもなった。いかりスーパーでワインやチーズ、大きなサイズのオリーブ油やパスタを買い、ゆったりした空間のカフェや、出来たばかりの仏伊レストランに行くようになった。

アベーラに行くには、宝塚南口駅まで迎えに来てもらった。西宮北口で各駅停車だけの今津線に乗り換えて、仁川の競馬場を眺めながら谷あいの住宅街をゆっくり走る。行楽気分のなか、あいつはこういう郊外で生まれて育ったなんて、いいなと思った。

駅に着き改札口を出ると目の前がクラシックな宝

塚ホテルで、今まで見たことがない空気感の駅前だった。古い歴史がありそうだけれど、モダンな住宅地。その中に小さな駅がある。そんな感じだった。

空間もボリュームも「非日常」のそのもの。

駅から歩いてすぐのアベーラは、静かなリゾート地にある邸宅みたいで、「これはすごいな」と入る前から声が出た。ドアを開け店内に入ると、往年の映画スターのような創始者のバストアップの大伸ばしモノクロ写真が額に入れられていて、その前が丸いテーブル席。ヒールのある良い靴を履いたオシャレな初老のおかみさんが、息子のエルコレさんとイタリア語で大きな声で喋っていた。

葡萄の木とワインが描かれた大きなステンドグラスには、端正なデザインの店名ロゴが入っていた。ずっと後のイタリアン・ファッションブーム時に、大阪に出店したジョルジオ・アルマーニのロゴを見たときに、「これ「アモーレ・アベーラ」と同じだ」と思い出すほど印象に残ったデザインだった。イタリア映画の1シーンみたいな空間で、地元客の友人はボンゴレのパスタとカネローニを注文した。メニューには「スパゲティ・アレ・ボンゴレ」「カンネローニ」と書かれていたのを記憶している。初めて食べたカネローニは、板状のパスタにミートソースを詰めて焼いた料理で、驚くほどうまかった。

それから約10年後、「イタメシ」ブームが大阪を席巻。イタリア料理店が密集した本町・淀屋橋あたりを「ピッコロ・ミラノ」などと称した女性誌もあった。街をとりまく飲食店は流行によって、ジャンルも店舗形態も大きく左右される。

外国料理といえば中華料理とフランス料理しかなかった時代に、この店で確かにイタリア料理の味の輪郭や体系を教えられた気がするのだが、数年ぶりに訪ねると、カネローニの無骨さやピザの厚さに、「こんなのありか」とびっくりしてしまう。だが宝塚南口周辺の郊外的な手触りとこの料理店とこの料理店は何も変わっていない。変わったのはわたしの方である。

アモーレ・アベーラ

イタリア海軍のオラッツィオ・アベーラさんが神戸で敗戦を迎え、日本人女性と結婚し、1946年にイタリア料理の店を開いた。今のレストランは四十数年前に自宅を改装した。「カンネローニ」（パン付き）2970円。ピザ（1835円）も1人で食べるとお腹いっぱいになる。

●宝塚市南口1の9の31
☎0797・71・3330
11時半〜22時　火曜休
※2016年4月掲載時

◎「時間」が凝縮された街の味

「神戸のしあわせな記憶」の中にここでのひと時が含まれる人は多い。

【バー・ローハイド】

神戸・三宮

柑橘系のカクテルが定評。
看板は実に男っぽいが、
女性や飲めない客も多い

「世界の酒、世界の音楽」を掲げるこのバーに行き始めて、もう30年以上になる。

その間、阪神淡路大震災があって店が移転した。またた初代の山本忠治さん、二代目の息子の和夫さんと代替わりし、そして現在は林寛三《ひろみ》さんが店を引き継いでいる。三代にわたる酒場とのお付き合いはこの店のほかにない。まったく幸運なことだ。

まだ29歳と若い林さんの動きを見ていると、酒を注いだ後のボトルの口のぬぐい方、カクテルをつくって一口味見するときのバー・スプーンの使い方、カクテル・グラスやタンブラーに入った酒を客に出す際に、ずらりと並ぶカウンターの酒瓶越しに腕を上げて、ひじから下だけを動かす置き方も、先代の和夫さんにそっくりそのまま。この店独特の所作だ。

もう10年以上も前になるだろうか、忠治さんから和夫さんにバトンタッチされたときもそう感じたな、などと思い出す。老舗のバーの伝統というのは、カクテルのレシピはもちろん、そういった身体の動きまで引き継がれるのだと思う。バーテンダーも師匠あるいは親方／弟子の職人の世界に違いない。

ずらっと横に10人以上が並んで座れる長いカウンターに腰をかけると、前回来たのはいつだったろうなどと思いがめぐる。

初めて来たのは、神戸の新聞社系の出版社に就職が決まった大学4年の年末だった。店に入ると、見たこともないラベルの酒瓶がずらりと並んでいる。JBLのスピーカーが天井から吊られ、一方の壁にレコードジャケットが並び、もう一方の壁にダーツがあった。連れてきてくれた同級生にわたしは「お前、ええ店知ってるな」と言った。

仕事場が大阪に移る前は、会社帰りに毎日のように来ていた。一時期、熱中していたうまいテキーラのカクテルももちろんだが、忠治さんのお酒や音楽、神戸の店の話を聞くのが目的でもあった。今の時代のネットに書き込まれたりする「情報的」なものではなく、たとえばレモンやライムはどの青果店の主人と知り合いで、そこでどういうふうに選んでるのかなど、「街に密着した」とでも表現できる話は、とてもリアルであり、しゃれていた。

酒飲みは、酒好きの店を一瞬で見抜く。

岸和田から来た父親を同行したことがあった。父は「日本酒はありまっか」と言った。わたしは一瞬「このオヤジは」と困惑したが、「ありますよ」と忠治さんはにっこり応え、しばらくして「ぬるかったら言うてください」と、どこにしまってあったのか、伊万里焼の徳利に入った燗と串に刺した貝の干物が出てきた。父はそれらを味わって「ここはホンマの酒好きの店やなあ」と感嘆した。

京都の友人が10人ぐらいで来て、同じ銘柄のウイスキーの水割りばかり、なんと計１００杯以上飲んだこともあった。大阪の雑誌編集部に移って、深夜帰宅ばかりになり、完全に足が遠のいたこともあったが、「神戸のバーは」と聞かれれば迷わずこの店の話になる。

隣のカップル客の女性が「すっきりしてちょっと甘めのラムのカクテルを」と注文したり、30代と思しき男性客が「こないだ飲んだモンゴルの酒、まだありますか」と尋ねたりする。そういうのを「相変わらずやなあ」と眺めながら、30年ぐらいの時間が圧縮されたように、この店でその時々のことについて次々と想起するのだ。

ずっと「通い続けた」ということでは決してないが、長く親しんだ店、それも酒場でしか味わえないこの種の感慨は、その店の酒の味に奥行きを持たせる。世界中の大人たちが旧き佳きバーに夢中になってきたのは、こういうことなんだなどと思ったりもする。

バー・ローハイド

1960年創業。1000本を超えるだろう酒瓶が凄んでいて圧巻。8年前に「バイト募集されてますか」と入店した林さんと若いスタッフのきびきびした動きが心地良い。2代目山本和夫さんの奥さんの孝子さんも顔を見せる。カクテル800円〜。

●神戸市中央区琴ノ緒町5の3の5 グリーンシャポービルB1
☎078-222-4054
16時〜23時半 日・祝休
※2014年8月掲載時

◎あたらしい顔がつくる街の味

「超高層マンションの1階」への先入観が、見事に覆される韓国料理レストラン＆バー。

【KIM／ゴスペル】

神戸・トア山手

ロフトへ上がる階段には印象的な鍛冶屋手造りの鉄製手すりが。これは移転前のゴスペルにあったもの

現在進行形の時代感覚をとらえた飲食店の店づくりの方向性には、二つの傾向があるようだ。

ひとつはピカピカの新しい大規模商業施設に店舗プロデューサーや空間デザイナーが設計したレストランやカフェ、ブティックなど。もうひとつは旧いオフィスビルや倉庫をコンバージョン（転用）したり、町家や長屋を利用し、手作り感覚を全面的に出した店だ。

大阪、特に梅田周辺はここ数年、大規模な再開発・建て替えラッシュで前者の店舗が目立っているが、神戸の新しい店は後者が多い。海岸通りや栄町周辺、トアウエストあたりでは、レトロビルの一室を利用した店舗や、木の床ペンキ塗り的な店が幅をきかせている。

神戸のトアロード山手にある超高層マンションの1階に、２０１２年にオープンしたコリアン・レストランとジャズバーの2店の複合店は、二つの方向性のどちらをも感じさせてくれる、かつどこにも似ていない店づくりの考え方が垣間見えて面白い。

この界隈にオープンして約20年の二つの有名店が同時に移転、80平米のワンフロアに展開しているのだ。その1店が「ＫＩＭ」で、店頭のスタンド看板には〝Japa-Korean Restaurant〟（在日韓国・朝鮮料理）とうたわれている。もう1店がジャズやワールドミュージックを弩級のオーディオシステムで流すバー「ゴスペル」で、何と看板には店名表記がない。このバーが選曲家である大倉カイリさんの店。「ＫＩＭ」はその奥のスペースで、キム・ポッチョさんの店である。

「ちょっと謎」が好き者をたまらなく刺激。

レストランは外からはうかがえない。全面ガラス越しに見えるのは、大きなむき出しのＪＢＬ（アメリカのオーディオメーカー）製スピーカーが後ろに鎮座したバーカウンターで、その前に並ぶ本物の赤いコンガはスツールだ。前を通る人は看板表記と店内の様子を見比べて、「この店は一体、何の店、どういう店なのだろう」とのぞいていく。

レストランは午後10時過ぎにはスタンド看板の電気を消すことが多いが、バーはまだ遅くまでやっている。一見さんなど知らない人は「閉店なのか」と思ってしまうが、店主の大倉さんは「別にいいんですよ」と意に介さない。「MUSIC」とか「SOUND」といった文字によるグラフィック表現はないが、興味のある人は「見てわかるだろう」といったところか。だいいちガラスの大きなドアを開ければ、いい音が聞こえてくる。

流行軸の「おしゃれな店ですよ」という主張こそ少ないが、よく見ると2つの店の売り、つまり「料理と音楽」を相当考え抜いて空間設計されているのがわかる。

音が余計に反射しないよう壁にワイルドな岩が石垣のように組まれているかと思えば、クールで端正な大理石がレストランのテーブルやカウンターに使われたり、4メートル以上ある天井に喫煙可のロフト席があったりする。客層はバーとレストランで全然違うこともあるが、奥で韓国料理を食べたあと、席を移しバーでウイスキーやカクテルを……という使い方をする客もいる。

以前、タウン女性誌の「おいしい店グランプリ」を獲得した「KIM」の料理は、移転を期に鍋料理「ポンチョル」が加わった。IH（電磁調理器）のコンロで調理するのが新しい。

一方、数々の音楽関係者を魅了してきた「ゴスペル」は、何万曲もの音源を何年もかけてデジタル化し、パソコンにアーカイブ化されていて一発検索可能。それをその日その時の選曲で流している新しいDJスタイルだ。

お茶にスイーツ、伊仏風料理も食べられる「カフェ」はもう昔。今ならピンチョス（串のつまみ）やタパス（小皿料理）とワインの「スペイン・バル」といった流行軸上の外食産業のテナントは街のそこここに見かけるが、長年一本ドッコでやってきた2つの個店の店舗哲学の本気さと、強さが頼もしい。

KIM／ゴスペル

ポンチョルとは韓国語で「盆鍋」。すき焼き用の薄い鍋に絶妙の辛さに味付けされた牛ベースのダシをはり、ホルモンや鶏肉、魚介、野菜などを入れて食べる（１人前１３００円）。地元産の活ワタリガニのケジャンも絶品。

●神戸市中央区中山手通３の２の１　トア山手ザ神戸タワー１１５
☎０７８‐３３２‐０２６６
17時半～23時（ゴスペルは20時～深夜☎０７８‐３９１‐４０３０）　火曜休
※２０１３年８月掲載時

◎あたらしい顔がつくる街の味

「ダイビルでカレー食べよか」と言うときの、ちょっと誇らしい感じ。

【旧ヤム邸】

大阪・中之島

木製の小さな看板がこの店の雰囲気を物語る

大阪・中之島3丁目にあるダイビルは美しいビルだ。正しくは「ダイビル本館」。2013年夏に完全オープンしたこのビルは、大正14年（1925）に竣工した「大阪ビルヂング本館」を約90年ぶりに建て直したものである。

長い間「中之島の顔」として親しまれた名建築のダイビルは、8階建ての階上まで施された茶色いレンガの壁、インパクトのある彫刻を施した列柱や正面玄関の上に飾られた彫刻「鷲と少女の像」など、モダニズムの贅を凝らした、大阪の近代建築の象徴だった。建て替え直前にはよく見学者も来ていたし、わたしも新聞や雑誌などに書いたり、取材に応じたりしたこともある。

設計監督は渡辺節《せつ》、製図主任が村野藤吾。大阪では昭和6年（1931）に完成した船場の綿業会館（重要文化財）もこのコンビが設計にあたっている。ダイビルとは様式がまったく異なるが、この綿業会館もすばらしい建築だ。

わたしは2006年からビルが取り壊される09年まで、ここに仕事場を置いていた。期間限定でクリエーター系に限った入居募集があったのだ。ドアも天井もすべて旧式の豪奢な空間はなかなかだった。

それから約4年後の春に中之島通をタクシーで通ったときに、工事の覆いが外されている姿を見て、「あれぇ、そのままだなあ」とびっくりした。

ダイビルにはいろんな思い出がある。元々の町名、宗是《そうぜ》町を店名に取った［宗是］という古びていい感じな蕎麦屋があり、値段も古いままで安かった。その店では定食の「ご飯大盛り」のことを中之島にちなんで「島、大」と言っていた。

1階の端っこには、毎日きっちりとメイクして、それとわかる良い洋服を着たおばあさんが一人でやっている小さな売店があって、袋入りのパンやスナック菓子、ペットボトルの飲料、カップ入り麺などなどに加え、なぜかウイスキーを売っていた。その老婦人は太平洋戦争の空襲の際、家からこの店に避難したと話してくれたことがある。虫歯が痛くなって、一番近いビル内の歯医者にも行ったことがあるなあ。そのような記憶が一気によみがえる。

豪奢なあの姿、見事なままにカムバック。

今回、建て替えにあたっては、解体時に外装に使われていたレンガ18万個を手作業で取り外し、建物の北・西面の壁の95%に再利用した。柱や玄関周りの彫刻も、取り外したものをほぼそのまま使って再現している。また、ものすごく豪華な装飾が施されているエントランスホールの天井は、オリジナルのレリーフを型どりして再現。手すりや床のテラコッタのタイルも再利用されているところが自分にはありありとわかって、とても懐かしい。

けれどもよく見ると、再現された8階建ての前のダイビルの上に、金属とガラスでぴかぴかと輝く新しい高層建築がのっかっている。これはビル前の歩道を歩いているとわからない。たいへんユニークな建築だといえる。

中之島の西部はこのところ、このダイビル本館や地上39階約200メートルの大規模な高層建築のフェスティバルタワーの完成もあって、ずらりと新しい高層建築物が並ぶさまが迫力だが、北西側から見る、角が丸められたダイビルの姿が一番だ、というビル・ウォッチャーが多いと聞く。

あらためて北西側に架かる田蓑橋を渡りながら堂島川越しに見てみると、ビル自体が少し東側に移ったのがわかるが、以前そのままのダイビルの佇まいだ。それにしても再現されたこのダイビルを囲む、となりの関電ビルや中之島ダイビルは大きすぎて、なんだか威圧的に見える。

ビルであっても家であっても、建物は建物で同じなのである。そういうことを考えながらもう一度引き返すように、堂島川を南へ渡るのだった。

旧ヤム邸中之島洋館

ローソンもある2階の店舗フロアにあるカレーの店。旧ダイビルを再現したかのようなレトロな空間。5種類の「選べる混ぜカレー」(900円)目当ての女性やビジネスマンで昼は満員。本店は空堀商店街にある。

●大阪市北区中之島3の6の32　ダイビル本館2階
☎06-6136-6600
11時15分〜14時、18時〜22時(土曜〜21時)
日・祝、第2月曜休
※2013年11月掲載時

◎あたらしい顔がつくる街の味

あなたをきっと、鮮やかに裏切る「今どきの流行りっぽい」おでん屋。

【トクサン】

神戸・栄町

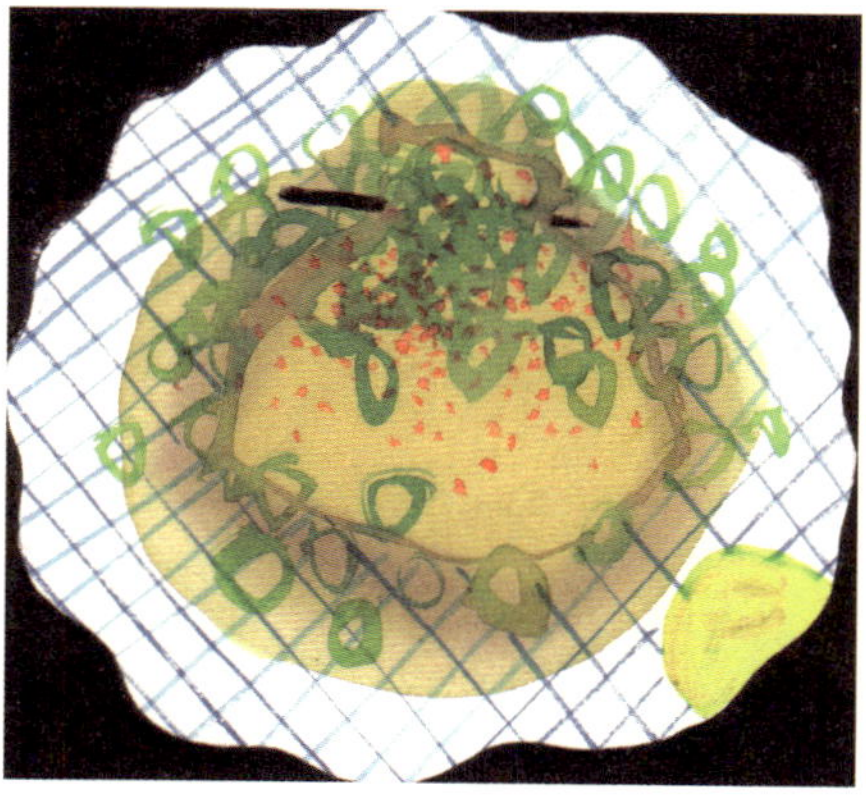

「特製」と表記されている絶品のネギ袋（350円）は、ほかのおでんとは別の皿で出てくる

観光客でごった返す神戸・元町の中華街の中ほどの路地を、ひょいと浜側に入ったところにあるおでん屋［トクサン］。２０１２年９月にオープンしたばかりだ。赤と金、ドラゴンが踊る極彩色の店が並ぶ喧噪のど真ん中から、ほんの20〜30歩。このチープな立ち呑みの店に入るときの、ほっとするような気持ちは抜群だ。

ここのおでんはうまい。何より「ダシ」が素晴らしい。店主・井上智彰さんは、大阪・堀江の人気店［おでんうどん○(まる)］の主要スタッフだった。その店は大阪の「うまいもん」を決定する「だし」に徹底的にこだわり、「うまいだしのおでんの店」として知られている。

昆布にカツオ、ウルメ、サバ節と、料亭や割烹顔負けの材料に、牛スジを煮てとっただしのレシピは、スタッフたちが試行錯誤を重ね、ほぼ「完成の域に達した」もので、それを神戸に持ってきた。

とくに大阪のおでん屋でよく見かける「ネギ袋」は抜群だ。注文を聞いてから薄揚げを開いて巾着にし、ネギを刻んで入れるのだが、その際に少しだけ油かすを加える。大阪の下町メニュー「かすうどん」のおいしいところだけとって、おでんダネとしてさらに洗練させた感じだ。

と、この連載には珍しく、食べものの味について書くのには訳がある。店が一見、きょうびの若者が新感覚でつくったような面構えをしているからだ。

看板からして、グラフィック・デザイナーが手をかけてデザインしたようなロゴタイプだし、料理を作り皿に盛り、客に出す店主自身も、おしゃれ古着ブティックの店員みたいないでたちだ。ＢＧＭもかかっていて、常連客である神戸の古参ＤＪが「基本的にダンス音楽であるソウルやファンクなどの選曲が、まことに居酒屋チックで鋭い」と褒めるものだ。

こういう店は、若者の「夜遊び系」の流行軸上の店であって、食べものは実のところ……、という店が多い。わたしも含め、街をうろついて店に入るのが好きな50代あたりのおじさんなら、店先を見ただけで敬遠してしまう。

上機嫌な「地元コミュニティ」の真ん中に。

そこで飲食店の業態について考えてしまった。

鮨屋もそうだが、おでん屋という飲食店の業態は本来、神社の境内にあるような屋台のファストフード、立ち食い立ち飲みだった。けれどもいつのまにか、それらは腰掛けて食べる専門料理店になり、古い看板がものを言う業種になっている。若者がやる新参の店なんぞ寄せ付けない、老舗暖簾の世界になったのだろう。

若かりし頃、常に音楽雑誌がネタ元として注目するレコードショップ［JET SET］や［タワーレコード］に勤務していたという流行感覚人間の店主が、トラディショナルなおでん屋の世界に「新規参入」するのだから、店自体がちぐはぐなことになる。

いいや、それはわたしがこの店の感覚について行ってないだけなのか、などと思ったりするのであった。

さておき、この店に通い出すと、いろんなことが見える。背広姿もいれば学生カップルも来る。当の中華街の店主が閉店後に立ち寄ったり、近くのバーの店主夫婦が「今日は定休日」だと、子ども連れでやって来たりもする。

ほんの8坪、10人は入れない立ち呑みの小さな店なので、コミュニケーションの敷居が低く、寒い日のおでんと熱燗は会話をますます旺盛にする。なるほど、いい酒場は地域コミュニティのひとつなんだ、というのが今さらながら、現在進行形で分かる。

聞けば店主は「生まれ育った神戸に帰ってきて店をやりたかったし、近所に大好きな先輩の店があったのでここに決めました」とのこと。今どき、ちょっと古い類の、とても良い話だと思う。

トクサン

こんにゃく、ちくわ（各１００円）、厚揚げ（１５０円）、和牛スジ（２５０円）と、何の変哲もないおでんメニュー。それで立ち呑み価格、安い。味醂干しやぎんなんの唐揚げ（各３５０円）など、気の利いた居酒屋メニューもある。酒も普通に菊正宗（小４００円）だ。そういうところに味への自信がうかがえる。

●神戸市中央区栄町通２の５の３
☎０７８-５９９-５２２０
18～24時　水曜休
※２０１３年12月掲載時

◎あたらしい顔がつくる街の味

本格江戸前鮨がバル激戦地では「郷に入れば」のしつらえに変身。

【sushi・iとちょいかっぽう藤家】大阪・福島

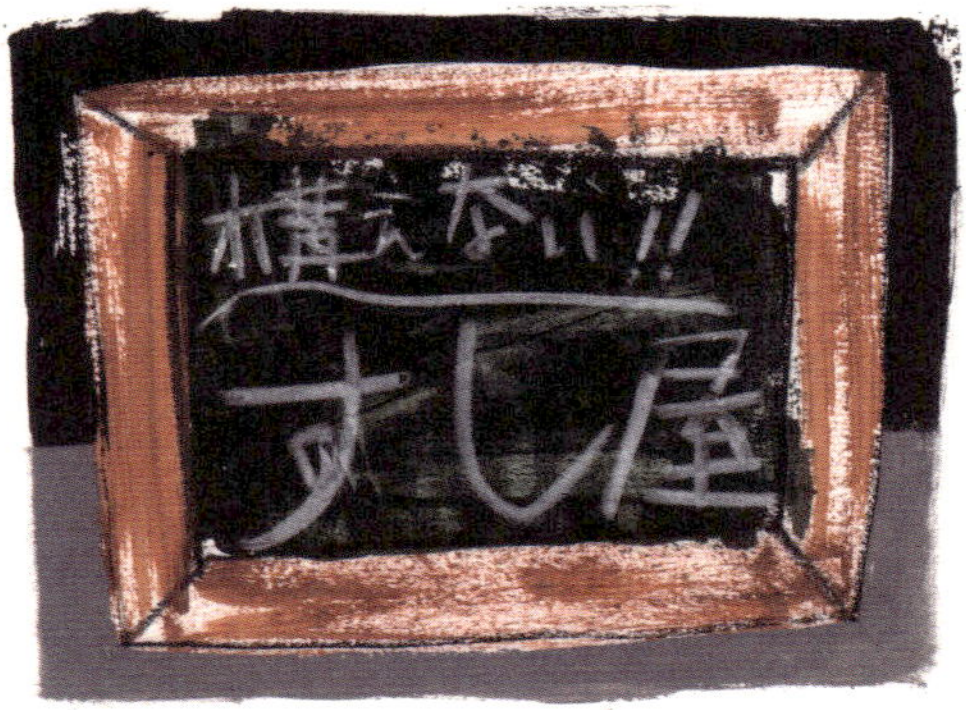

立て看板数種のうちのひとつ。黒板にチョークで大書。なかなか迫力がある

ヨーロッパの都市に行くと、目抜き通り沿いにカフェテラスがあって、人が食べたり飲んだりしている風景をよく目にする。椅子と小さな丸いテーブルが道路に面して一方向に並べられ、客は前を闊歩する人を見ながらコーヒカップやグラスを傾けている。パリのシャンゼリゼやサンジェルマン大通りなどでおなじみの風景だ。大阪でも新しく整備された商業施設で、そういう風な店を時々見かけるが、最前列に座っているのは外国人の旅行客だったりする。

こちらでは、ものを食べたり飲んだりするときは、なぜか「ちょっと入ったとこにある店」のほうがしっくりくる。人が往来するところで、堂々と飲み食いするのははばかられるし、まだ日の高いうちから酒を飲んでいるのを見られるのは恥ずかしい。行儀が悪いということでもないが、なんか落ち着かないのだ。だから駅前商店街から一筋入った横丁やガード下に、気安い焼鳥屋、串カツ店、居酒屋などなどの飲食店が並んでいて、そこが夕方になると表通りより賑わうのだ。

そういう典型的な飲食店街の様相を示しているのが、JR大阪環状線福島駅の南西から福島の国道2号線となにわ筋の交差点にかけてのエリア。ほんの100メートル四方だが、日が暮れる頃になると、3メートルあるかないかぐらいの狭い道幅の路地が、自転車で通ると叱られるようなにぎわいを見せる。

このあたりは元々古い町家や長屋が密集するエリアで、それらの小さな民家を改造して飲食店にした店がほとんどだ。そこが「いい雰囲気」を出していると、若い層を中心に人気だ。「路地店《ろじみせ》」などという何だか愛嬌のある名前で呼ばれ、商業施設のテナントや表通りや商店街の店と区別されているのもいい。

店は居酒屋、焼鳥屋、イタリア風バールと定番のジャンルに加え、「肉食酒場」「sushiバル」「活海老バル・オマールつかみ取り」などといった名前からして最近流行の飲食店。自分で壁にペンキを塗ったり、材木を調達して食器棚をつくったり、徹頭徹尾の手づくり感覚。手描き文字看板やイラストがパワフルだ。またどの店もスペースが小さいのでカウンターが主体なのも特徴だ。

「今の鮨屋はこうやろ!」で勝負に。

この界隈で鮨屋を2軒、兄弟仲間うちでやっているのが藤原勝彦さん、裕朗さんだ。お二人とはたまたまグルメ誌の取材の際にお会いしたのだが、勝彦さんは北新地やミナミ、明石の名だたる鮨店で約30年間、裕朗さんはミナミの名料亭はじめ、専門料理にも進み、老舗の鰻屋やふぐ料理店で25年間修業し活躍してきた板前だ。

その2店は、[ｓｕｓｈｉとちょいかっぽう藤家][すしバル藤家]である。初めて行ったときは唖然とした。立地も店の感覚もこの横丁ど真ん中の路地店で、前を通り過ぎて見落とすほどだった。彼らの腕を持ってすれば、北新地やミナミで、というのが当然だろうと思うが、全くそういう図式ではない。

「ここら辺は10年ぐらい前から、とても熱い町になってますが、ちょっと前までは焼鳥屋とハイボール酒場ばかりでした。そういうところで、今の鮨屋はこうやろ、と勝負に出ました」(勝彦さん)

「本格!江戸前、一貫からでもぜひどうぞ!」という看板の謳い文句の手描き文字、そのほかの立て看板やサインがにぎにぎしい外観、店内はハイカウンターで高いスツールの洋酒バー仕様、流れるBGMはヒップホップ系の音楽。こういうにぎやかすぎる鮨屋は、正直ありかと思うが、その中でそれと分かる手練れ板前の藤原さんが、刺し身を引き、鮨をにぎっている。

また、この界隈の店同士のネットワークも飲み会をやるなど旺盛で、「客やった人がここで店をやって、同業者になったりする」(裕朗さん)土地柄だ。このようにして、まちが活気づくパターンは、業態の違いがあるが70年代のアメリカ村とよく似ている。

sushiと
ちょいかっぽう藤家

店長の藤原勝彦さん以外は若いスタッフ。客層はさまざまで、学生から背広を着たサラリーマングループ、カップルまで。英会話学校の教師風白人客もカウンターに座って寿司をつまんでいる。愛媛県直送の魚介はなかなかだし、イカに細工を施したり、貝を炙ったりと、ひと仕事加えた江戸前にぎり鮨はさすがだ。岩手の酒を中心に地酒も十数種常備。

●大阪市福島区福島5の10の21
☎06-6453-1102
18時〜23時半（土曜〜24時半、日曜17時〜）無休
※2015年9月掲載時

あとがき

画家の奈路道程さんとコンビで街を歩き、店で飲み食いをしてこの本は出来た。

奈路さんとは雑誌時代からそれこそ四半世紀。雑誌やタブロイド紙の連載も何回かお付き合いいただいている。

毎日新聞のこの夕刊連載が決まったとき、奈路さんとさあこれからお互い何をどんなふうに書（描）こうか、と打ち合わせをしたのが阪急中津駅を下りたところにある居酒屋［いこい］で、飲み食いしながら打ち合わせしようと行ったのだが「やっぱりこの店ええよな。中津駅は独特やな」となってそのまま一気に書いた。

この連載1回目以外はそうしなかった。理由なんてないが、もとよりこの連載に書くために店に行くこともしない。

仕事していたりメシを食べていたり酒を飲んだり風呂に入っているときなどに、いきなり「あの街のことあの店のこと」と浮かんできたことについて書かせていただいた。取材は後付けで、ミナミが2回続くとちょっとあかんかな、ぐらいのことだけで、今まで自分の馴染みの街や店だけをストレートに毎月どんどん書いていった。

毎日新聞夕刊編集長の松井宏員《ひろかず》さんは、そのやり方を承知されていて、おもろがってくれた節がある。そのつど登場した街や店について「懐かしいなあ」とか「今度行ってみますわ」など、まるで友だちの話を聞くようなスタンスで付き合っていただいた。

おかげさまで一冊になりました。御礼申し上げます。

２０１６年６月吉日

江 弘毅

濃い味、うす味、街のあじ。MAP

大阪ミナミ
長堀通
心斎橋駅
長堀橋駅
地下鉄長堀鶴見緑地線
ヘミングウェイ(P39)
四ツ橋駅
ホテル日航大阪
大丸北館
まつりや(P63)
ザ・メロディ(P123)
BIG STEP
大丸南館
地下鉄四つ橋線
四つ橋筋
地下鉄御堂筋線
御堂筋
堺筋
地下鉄堺筋線
道頓堀川
バー・ウイスキー(P11)
なんばHatch
はり重カレーショップ(P35)
阪神なんば線
なんば駅
地下鉄千日前線
千日前通
日本橋駅
大阪難波駅
近鉄日本橋駅
近鉄難波線
JR難波駅
なんば駅
なんば駅
味園ビル
なんばグランド花月
伊吹珈琲店(P23)
髙島屋
なんばCITY
南海なんば駅
一芳亭(P111)
なんばパークス
地下鉄四つ橋線
地下鉄御堂筋線
パークス通
南海本線
堺筋

京 橋
JR大阪環状線
地下鉄
長堀鶴見緑地線
国道1号
岡室酒店直売所(P51)
コムズガーデン
京橋駅
京橋駅
京橋駅
ダイエー
京阪本線

天神橋筋
南森町駅
地下鉄谷町線
大阪天満宮駅
JR東西線
地下鉄堺筋線
大阪天満宮
天神橋筋
甚六(P95)
※閉店
滝川公園

桃 谷
桃谷駅
JR大阪環状線
大阪シティ信金
西光園本店(P83)

鶴 橋
千日前通
地下鉄千日前線
鶴橋駅
空 鶴橋本店(P71)
鶴橋駅
近鉄大阪線・難波線

文の里
文の里駅
地下鉄御堂筋線
あびこ筋
郵便局
文の里松寿し(P87)
ライフ
昭和町駅
地下鉄谷町線

萩之茶屋
南海本線
阪堺電車阪堺線
難波屋(P43)
西成警察署
萩ノ茶屋駅
今池駅

尼 崎
やすもり尼崎本店(P91)
中央公園
阪神本線
尼崎駅

近大前
てらまえ(P79)
まなびや通り
近大正門
りそな銀行
長瀬駅
近鉄大阪線

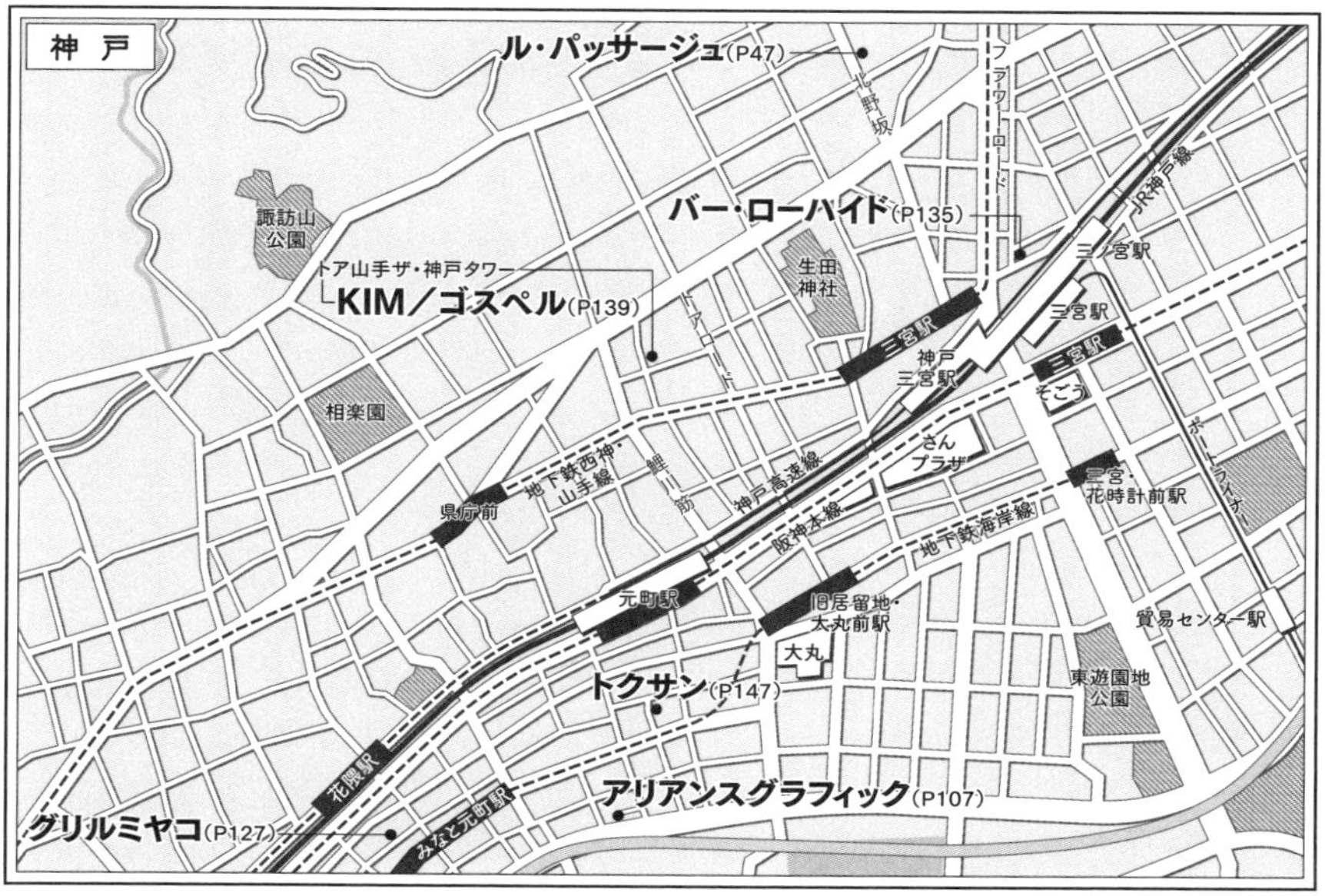
神戸
ル・パッサージュ(P47)
北野坂
フラワーロード
バー・ローハイド(P135)
JR神戸線
三ノ宮駅
諏訪山公園
トア山手ザ・神戸タワー
KIM／ゴスペル(P139)
生田神社
トアロード
三宮駅
神戸三宮駅
三宮駅
そごう
相楽園
さんプラザ
地下鉄西神・山手線
鯉川筋
神戸高速線
県庁前
阪神本線
三宮・花時計前駅
地下鉄海岸線
ポートライナー
元町駅
旧居留地・大丸前駅
大丸
貿易センター駅
東遊園地公園
トクサン(P147)
花隈駅
アリアンスグラフィック(P107)
みなと元町駅
グリルミヤコ(P127)

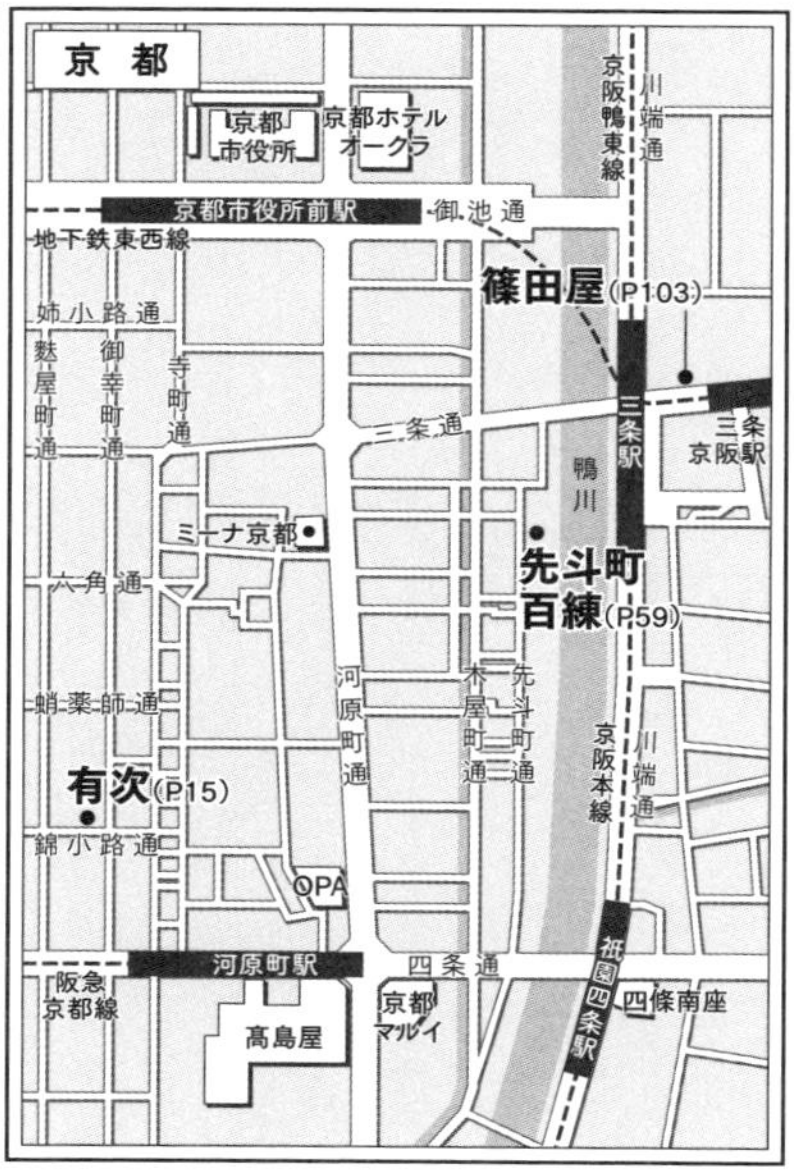
京都
京都市役所
京都ホテルオークラ
京阪鴨東線
川端通
京都市役所前駅
御池通
地下鉄東西線
篠田屋(P103)
姉小路通
麩屋町通
御幸町通
寺町通
三条通
三条駅
三条京阪駅
鴨川
ミーナ京都
先斗町百練(P59)
六角通
河原町通
木屋町通
先斗町通
蛸薬師通
京阪本線
川端通
有次(P15)
錦小路通
OPA
河原町駅
四条通
阪急京都線
高島屋
京都マルイ
祇園四条駅
四條南座

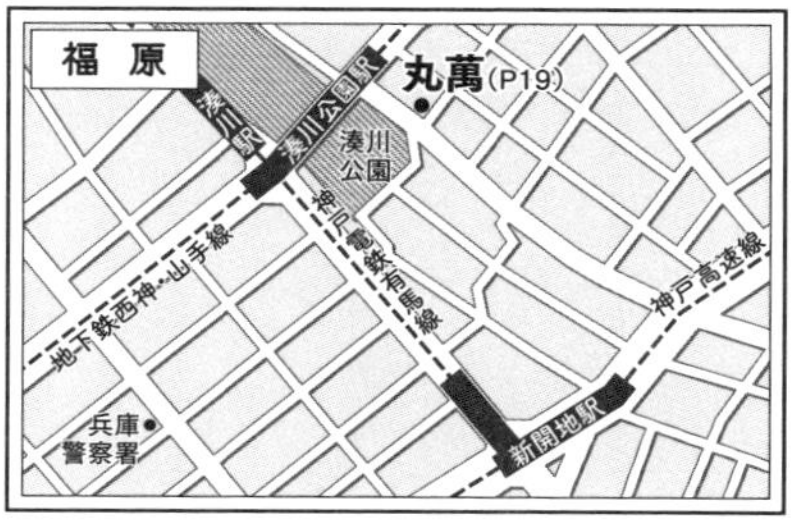
福原
湊川駅
湊川公園駅
丸萬(P19)
湊川公園
神戸電鉄有馬線
地下鉄西神・山手線
神戸高速線
兵庫警察署
新開地駅

宝塚南口
宝塚ホテル
宝塚南口駅
サンビオラ
アモーレ・アベーラ(P131)
阪急今津線

こう・ひろき

1958年岸和田市生まれ。神戸大卒。京阪神エルマガジン社にて1989年『Meets Regional』誌を立ち上げ、93年〜2005年編集長。06年に編集出版集団140Bを大阪・中之島に設立、取締役編集本部長に。著書に『「街的」ということ』（講談社現代新書）、『街場の大阪論』（バジリコ/新潮文庫）、『ミーツへの道』（本の雑誌社）、『「うまいもん屋」からの大阪論』（NHK出版新書）、『有次と庖丁』（新潮社）、『飲み食い世界一の大阪』『K氏の遠吠え』（以上、ミシマ社）など。毎日新聞やぐるなびWeb『dressing』で連載のほか、『dancyu』『あまから手帖』『料理通信』にて執筆。

なろ・みちのり

1964年高知県生まれ。制作会社勤務を経てフリー。1994年度朝日広告賞1部イラスト賞。『Meets Regional』やえるまがMOOK『日帰り名人』の表紙画やNHKラジオテキスト『まいにちフランス語』表紙画、「春の阪急三番街」フェアなど。中之島発のフリーマガジン『月刊島民』の表紙画を2008年から連載中。

濃い味、うす味、街のあじ。

2016年7月27日　初版第一刷発行

著　者　江弘毅　奈路道程（画）

発行人　中島淳

発　行　株式会社140B（イチヨンマルビー）
〒530-0004 大阪市北区堂島浜2-1-29
古河大阪ビル本館4F
電話　06-4799-1340
振替　00990-5-299267
http://www.140b.jp/

印刷・製本　株式会社シナノパブリッシングプレス

ISBN 978-4-903993-26-3